LIBRAIRIE D'AUG. IMBERT,

RUE HAUTEFEUILLE, No 3.

SOUS PRESSE.

L'Étude du cœur, ou *les conseils de famille,* ouvrage dédié à la jeunesse; par M. de Saint-Eugène; 1 vol. in-12, orné de 4 jolies gravures, avec une couverture imprimée. Prix : 4 fr.

OUVRAGES NOUVELLEMENT PUBLIÉS.

Vie de Cambacérès, ex-archichancelier, par M. A. A******, avec cette épigraphe : *Vérité et impartialité.* 1 vol. in-18 orné d'un beau portrait; prix : 2 fr. 50 c.

Vie politique et militaire d'Eugène Beauharnais, vice-roi d'Italie, par Ant. Aubriet; 1 v. in-18 orné d'un beau port. prix : 2 fr. 50 c.

Voyage autour du Pont-Neuf, et *Promenade sur le quai aux Fleurs;* par Rossignol-Passe-partout; 1 vol. in-18, orné d'une jolie gravure; prix : 2 fr.

Abrégé des Vies des anciens philosophes, par Fénelon, 1 vol in-8. 2 fr. 50 c.

Aventures de Télémaque, 1 vol. in-12 (1821). 2 fr. 50 c.

Bachelier de Salamanque (le), Paris, 2 vol. in-18. 2 fr. 25 c.

Beautés de l'Histoire de Paris, ou Précis de c
    qu'il y a de plus curieux dans cette capitale ;
    1 vol. in-12, Paris, 1820, avec grav. 3 fr. 50 c.
Bibliothèque bleue, ou recueil de jolis Contes
    et Histoires amusantes; 3 v. in-12. 7 fr. 50 c.
Campagnes de l'abbé Poulet en Espagne, pen-
    dant les années 1809, 1810 et 1811; 5 vol.
    in-12.   8 fr.
Contes moraux de Marmontel, précédés de son
    éloge par l'abbé Morellet; 6 vol. in-18
    (1821).   6 fr.
Contes moraux, par Mme Le Prince de Beau-
    mout; Lyon, 2 v. in-12.   3 fr.
Codes réunis (les cinq); 1 vol. in-18.   2 fr.
Cuisinière (la) bourgeoise; 1 vol. in-12, Paris,
    1822.   1 fr. 50 c.
Dictionnaire du Jardinier français, ouvrage où
    l'on décrit les formes, l'aspect et les habi-
    tudes de la plupart des arbres, arbrisseaux,
    arbustes, plantes vivaces, et que l'on peut
    cultiver en pleine terre, sous tous les cli-
    mats de la France; par Filassier. 2 forts vol.
    in-8°.   9 fr.
Dictionnaire géographique de Vosgien; nou-
    velle édition, Paris, 1821.   6 fr.
Dictionnaire géographique; par Maccarthy;
    2 vol. in-8.   16 fr.
Dictionnaire de la religion, ou Leçons de litté-
    rature sacrée, par M. Masson; 1 vol. in-12,
    fig.   2 fr. 50 c.
Elémens de l'Histoire de France; par l'abbé
    Millot; 4 vol. in-12 (1814).   10 fr.
Encyclopédie des enfans, ou Abrégé de toutes

les sciences, à l'usage des écoles des deux
sexes, par M. Masson; 4ᵉ édit., 1 gros vol.
in-8° orné d'une mappemonde et de 11 planches représentant 114 fig.   7 fr.

Epoques remarquables de l'Histoire universelle, ou morceaux extraits des historiens
anciens et modernes, publiés par M. Masson. 6 vol. in-12 avec fig. contenant l'histoire
ancienne, l'histoire romaine, l'histoire du
Bas-Empire et l'histoire de France. 10 f. 50 c.

Grammaire française, rédigée d'après les principes de l'Académie, par Lamaillardière. Paris, 1822; 1 vol. in-8.   5 fr.

Histoire de France, jusqu'à la mort de
Louis XVI; par Anquetil; 15 vol. in-18. 25 f.

Jérusalem (la) délivrée, traduite envers français, par M. Baour-Lormian de l'Acad. française, 2ᵉ édit.; 2 vol. in-8° ornés de superbes
gravures.   10 fr.

Le Lycée de la jeunesse, ou les Etudes réparées,
par M. Moustalon, 2 vol. in-12 ornés du portrait de l'auteur gravé en taille-douce. 5 fr.

Le Solitaire chrétien réfléchissant et priant pour
exciter les fidèles à faire oraison, etc., par
M. l'abbé Lasausse; 2 vol. in-18, figures. 3 fr.

Lettres choisies de mad. de Sévigné, 3 vol.
in-8.   5 fr.

Magie blanche dévoilée (la), ou Explication
des tours surprenans qui ont fait l'admiration de la capitale et de la province, avec
le testament de Jérôme Sharp, ses petites
aventures et son Codicile; par Decremps.
5 vol. in-8° ornés de 183 fig.   15 fr.

Manuel des champs, ou recueil amusant et in-
structif contenant ce qui est le plus néces-
saire et le plus utile pour vivre à la campagne avec aisance et agrément; par Chanval-
lon. 1 fort vol. in-12.   2 fr. 5o c.

Manuel des Gardes - Champêtres; par Rondonneau; 1 vol. in-12.   1 f. 5o c.

Manuel rural et forestier; par le même; 1 vol.
in-8.   6 fr.

Mémoires secrets de Napoléon Bonaparte; 2 vol.
in-12.   5 fr.

Nouveau Guide épistolaire, ou Modèles de Lettres sur toutes sortes de sujets; 1 vol. in-12,
Paris, 1819.   1 fr. 5o c.

OEuvres complètes de Condillac; très-jolie édition; 16 vol. in-18; Paris, 1821.   96 fr.

OEuvres complètes de Buffon; édit. de Rapet;
par M. de Lacépède; 12 vol. in-8, fig.
noires.   120 fr.

OEuvres complètes de Vauvenargues; 3 vol.
in-8, belle édition.   18 fr.

Pensées de J.-J. Rousseau, augmentées de l'Esprit de Julie, extrait de la Nouvelle Héloïse,
par Formey; 3 vol. in-18.   3 fr.

Pension (la) de jeunes demoiselles, par Mlle Van-
hove; 2 vol. in-18, figures (1821). 2 fr. 5o c.

Vie et amours de Faublas, par Louvet de Cou-
vrai; 7 vol. grand in-18.   1o fr. 5o c.

Vocabulaire classique des Étudians en droit;
par Rondonneau; 1 vol. in-8.   6 fr.

Vocabulaire français, par Wailly; 1 v. in-8. 7 fr.

VOYAGE

AUTOUR

DU PONT-NEUF.

IMPRIMERIE DE LEBEL, IMPRIMEUR DU ROI,
rue d'Erfurth, n° 1.

Pour qui me prenez-vous?...   *Le m'est-il guéri? Non, Messieurs...*

VOYAGE

AUTOUR

DU PONT-NEUF,

ET PROMENADE

SUR LE QUAI AUX FLEURS,

Par Rossignol Passe-partout.

> Le Pont-Neuf est dans la ville ce que le cœur est dans le corps. Les mouchards se plantent là, et quand, au bout de quelques jours, ils ne voient pas leur homme, ils affirment positivement qu'il est hors de Paris.
>
> MERCIER, *Tableau de Paris.*

PARIS,

CHEZ GUIBERT, LIBRAIRE,
RUE HAUTEFEUILLE, N° 3.

1824.

PRÉAMBULE.

Malgré les sages préceptes de l'ingénieux Daniel de Foë (1), et les avis salutaires d'un vieux proverbe qui n'est pas de Salomon, les hommes de toutes les nations ont aimé les voyages. Nous avons vu de hardis navigateurs passer vingt fois sous la ligne, et mourir de la fièvre chaude au-delà du

(1) Auteur de *Robinson Crusoé*.

tropique méridional; d'autres se sont bornés à découvrir des mondes qui nous ont valu, comme dit Voltaire, le café, l'indigo, etc.; l'infortuné Lapeyrouse est allé on ne sait où, et probablement ne sera jamais de retour ; on ignore si le fameux Belzoni est dans ce monde ou dans l'autre; l'habile capitaine Cook a fait plusieurs fois le tour du globe au milieu des plus grands dangers, mais n'a pu revenir finir ses jours *at home,* comme disent les Anglais, c'est-à-dire sur les bords de la Tamise ; et sans parler de Robinson et de Gulliver, ses compatriotes, tous ces célèbres coureurs de mer n'ont laissé que de gros volumes et de très - minces héritages. Je ne crains pas d'affirmer que le public regrette plus vivement les aventuriers que ne le font leurs veuves, et qu'il goûte fort leurs livres. L'occasion de m'en convaincre se présenta il y a quelque temps. J'eus l'inexprimable plaisir de déjeuner assez gaîment avec un vieux libraire fort maussade de sa nature, qui se trouva, par hasard, en humeur joviale entre le biscuit et le vin de Grenache, seuls individus dont il n'ait pas dit de mal pendant tout le repas. Encouragé par un sourire assez franc qu'il risqua, je m'approchai de lui, et la conversation alla même jusqu'à l'intimité, puisqu'en nous quittant il me nomma son cher auteur, et que je l'appelai mon cher libraire.

L'occasion d'un libraire en goguette était trop belle pour ne pas la saisir; aussi m'empressai-je de traiter d'affaire avec l'honnête bouquiniste. Je lui proposai une Dissertation chimique et hydraulique sur les bateaux à vapeur; il me dit que ce serait de l'argent jeté dans la rivière : un Traité de l'éducation des mérinos ne lui fut pas plus agréable; il s'écria même joyeusement que je voulais lui manger la laine sur le dos : une Histoire complète des bêtes à corne, depuis la sortie de l'arche jusqu'à l'entrée des Francs dans la Gaule, lui fit froncer le sourcil, et il n'en fut plus question. J'imaginai que des ouvrages d'esprit pourraient être à ses yeux une monnaie plus courante; je passai en revue toutes les élégies, les madrigaux, les épigrammes, et jusqu'aux charades, que j'avais composés depuis le collége : il haussa les épaules comme un homme à qui on parle d'un malheureux condamné à mort. Je perdais patience, mon imperturbable éditeur gardait son sang-froid commercial.

vij

« Ne publiez-vous donc que
des almanachs et des complain-
tes, lui dis-je un peu piqué,
et êtes-vous l'associé du respectable M. Tiger, *pilier litté-
raire* de la rue Saint-Jacques,
qui imprime annuellement
les *prédictions de Mathieu
Laënsberg*, les *Infortunes
de Geneviève de Brabant*,
et *l'Incomparable histoire
des quatre fils Aymon*, en
disant, à qui veut l'entendre,

Qu'il lui faut du nouveau, n'en fût-il plus
au monde.

—Oh! oh! reprit le bon-homme d'un air capable, il est un genre d'ouvrage que je ne refuse jamais d'imprimer.

— Et quel genre? repris-je avec empressement.

— Ce sont les Voyages, continua-t-il d'un ton plus grave; il n'y a que cela pour faire son chemin dans la librairie; aussi, tous les voyageurs que je connais depuis vingt ans dans le faubourg Saint-Jacques et dans la Cité, ont-ils fait tant soit peu leur fortune et la mienne. Mes confrères ont accablé leurs presses de cent volumes sur la théologie, la science astronomique, l'histoire naturelle, la philosophie, la politique, et autres puérilités que tout le monde sait par cœur; ils en ont été pour leurs frais et leur papier, tandis que moi, multipliant les éditions du *Voyage de Paris à Saint-Cloud*, du *Voyage autour de ma chambre*, et de ceux de *Gulliver*, j'ai acheté une maison de campagne aux Batignolles, où je fais tous les dimanches un voyage périodique fort agréable.

— Vanité des vanités! m'é-
criai-je alors en embrassant ce
digne apôtre des Scarmentado
modernes; je vous offrais libé-
ralement ce que ma muse féconde croyait avoir produit de
plus digne du siècle et d'un
connaisseur tel que vous; mais
quelle était ma démence! je
dédaignais de vous offrir la re-
lation curieuse d'un voyage
que je projète et que tout le
monde a fait sans daigner l'é-
crire. Je veux, abaissant ma
fierté, entreprendre en votre faveur ce trajet, qui, je

l'espère, sera de votre goût, et pourra plaire à vos abonnés.

— Et quel est ce voyage? reprit aussitôt le bonhomme en me serrant le bras et en passant sa serviette sur ses lèvres.

—Ah! c'est mon secret, dis-je alors en prenant un ton sérieux qui alarma un instant mon auditeur; mais il faut que j'entreprenne exprès cet important voyage, dont je vous promets les heureux fruits, et même le mettre à fin en modeste piéton, pour ne rien perdre des beautés de détail que je suis sûr de rencontrer en route et presque à chaque pas. »

L'estimable libraire parut plus étonné encore, et me demanda toutefois combien de temps il me faudrait pour aller dans ce lointain pays et en revenir.

« Une demi-heure, lui répondis-je. »

Pour le coup, il ouvrit de grands yeux et resta la bouche béante; son étonnement m'amusa.

—Mon cher monsieur, me

dit - il quand il fut revenu de sa surprise, vous voulez rire à mes dépens.

— Du tout.

— Véritablement? parlez-de bonne foi.

— De la meilleure foi du monde ; absolument comme vous, mon cher libraire.

— Ah! ce n'est pas une raison.

— Je vous le répète, dans une demi - heure, mon itinéraire sera achevé, et, dans trois quarts d'heure au plus je le mets à votre disposition.

— Allons, c'est une mauvaise plaisanterie.

— Je vous jure que non ; vous faut-il des sermens?

—Non, mais me donneriez-vous une garantie?

— Pourquoi pas ?

— Eh ! bien, je vous prends au mot : parions un déjeûner.

— Un déjeûner, soit.

—Le marché est conclu?

—Oui, sans doute.

— Une demi-heure.

— C'est bien entendu.

—Allons, montre à la main, je vous donne l'heure entière,

et je ne regarderai pas à quelques minutes.

— Vous perdrez le déjeûner.

— Je l'espère.

— Vous tiendrez votre parole ?

— Songez à la vôtre. »

Nos deux verres se choquèrent cordialement, et le marasquin des îles ratifia le marché. Je pris gaîment ma canne et mon chapeau, et sortant de ma rue du Bouloy, sans prendre la diligence, je me dirigeai sans me me hâter vers la place Saint-Germain l'Auxerrois, où, à la vue pittoresque du Pont - Neuf, je m'écriai joyeusement comme Montesquieu :

Italiam! Italiam!

VOYAGE

AUTOUR

DU PONT-NEUF.

~~~~~~

CHAPITRE PREMIER.

——————

STATISTIQUE DU PONT-NEUF.

Le seul reproche que les théologiens, les docteurs de Sorbonne et tous les casuistes fassent à ce pont, c'est que, s'il fait du vent à Paris, il n'y a point d'endroit où l'on blasphème plus sou : vent la nature à l'occasion de ce mé‑ téore. Il y souffle si vigoureusement, que de cinquante personnes qui le passent, il n'y en a pas une qui ne coure le risque de se voir enlever, ou de montrer quelque chose.

<div align="right">Sterne, <em>Voyage sentimental.</em></div>

Ce qu'on appelle aujourd'hui le Pont-Neuf est un des plus anciens ponts de
~~~~~~

Paris. Il fut construit en 1578, sous Henri III, par Jacques Androuet Ducerceau. Voici ce qu'en dit le journal du baron de l'Estoile.

« En ce mois de mai, les eaux de de la Seine étant fort basses, fut commencé le Pont-Neuf, de pierres de taille, sous l'ordonnance du jeune Ducerceau, architecte du Roi. Les deniers furent pris sur le peuple.., et disait-on que la toise de l'ouvrage coûtait quatre-vingt-cinq livres.

» Le trente et un mai de la même année, Henri III vint poser la première pierre du côté des Augustins ; le même jour il fit inhumer les corps de ses beaux mignons, Quélus et Maugiron. Les guerres civiles arrêtèrent les travaux jusqu'en 1602, où Henri IV les fit continuer. En 1603, il voulut passer ce pont, malgré les dangers qu'on y courait à cause de l'imperfection des travaux. Le vendredi, vingt juin 1603, ajoute l'Estoile, le Roi passa du quai des Augustins au Louvre par dessus le Pont-Neuf, qui n'était pas encore trop assuré, et où il y avait peu de personnes qui s'y hasardassent. Quelques-uns, pour en faire l'essai, s'étaient rompu le cou et tombés dans la rivière; ce que l'on remontra à Sa Majesté, laquelle fit réponse qu'il n'y avait pas un de tous ceux-là qui fût roi comme lui. »

Le Pont-Neuf fut achevé en 1607 sous la direction de Charles Marchand. « De tous les ponts qui ont jamais été faits, dit Sterne, ceux qui passent sur le Pont-Neuf doivent croire que c'est le pont le plus beau, le plus noble, le plus magnifique, le mieux éclairé, le plus large qui eût jamais joint deux côtés de rivière sur la surface du globe. » Sa longueur totale est de 229 mètres 41 centimètres, ou 708 pieds de roi; sa largeur, outre les deux têtes, est de 23 mètres 19 décimètres, ou 70 pieds 8 pouces.

En 1775, on y fit de grandes réparations. Les demi-lunes qui s'élèvent sur les piles étaient toujours remplies d'immondices, et malgré la bénévole et banale défense : *Il est défendu de faire ou déposer aucune ordure en ce lieu sous peine de punition corporelle*, une odeur délatrice annonçait sans cesse le peu de respect des Parisiens pour les défenses municipales. On fut enfin obligé de remplir cet espace en y construisant des loges en pierres de taille, qui forment vingt boutiques.

D'honnêtes commerçans en détail se sont succédé, depuis Louis XVI, dans ces baraques suspendues sur les eaux, moyennant une petite rétribution payée à la ville, et qui a toujours été en augmentant jusqu'à notre bienheureuse année de grâce mille huit cent vingt-quatre. Les boutiquiers du Pont-Neuf, placés entre les deux rives de la Seine, se sont tenus aussi éloignés du faste des détaillans du faubourg Saint-Germain que du luxe des rues Saint-Honoré et Richelieu. On n'a pas vu les glaces et l'acajou envahir leurs modestes comptoirs ; le gaz hydrogène, qu'ils pourraient établir sur pilotis, n'est pas venu jusqu'à eux, et le quinquet roturier ou la chandelle indigente les éclaire. C'est en vain qu'on chercherait dans leurs rayons le bronze et les dorures de Ravrio, et les cachemires indigènes de M. Ternaux : les enseignes y sont même chose inconnue ; les *Soldat laboureur* de dix-huit pieds de haut, les *Deux cousines*, les *Deux magots*, n'ont pas pénétré jusque là ; mais les douzaines de mouchoirs et les schals d'indienne, qui flottent en longues draperies sur le parapet, n'en affligent pas moins les passans, tout étonnés de recevoir un bonnet de coton sur le front ou une paire de bas dans les yeux. Sur le côté gauche du Louvre, trois marchands de rouenneries et de merceries, qui n'étalent guère que des mouchoirs de poche et des schals imprimés, se succèdent à peu de distance et rivalisent humblement. Dans chacune de ces boutiques, la *bourgeoise* active et accorte appelle incessamment le chaland, qui est plus rare sur ce trottoir que sur l'autre. Leurs petits yeux et leurs gros appas, à la manière des bourgeoises du chevalier de Grammont, attirent peu de regards. Elles semblent cependant satisfaites et fières de leur sort; elles regardent les passans comme des voyageurs, et les contemplent avec indifférence, et curiosité toutefois; car elles sont deux fois parisiennes : le Pont - Neuf est leur patrie.

Le personnage le plus remarquable de ce territoire contesté, c'est sans contredit M. Récordon, successeur du sieur Berry, lequel était successeur de M. Hertelle, fabricant de caractères, qui tient sa boutique entre *la Providence* et *le Bien-venu.* M. Récordon improvise sur le cuivre et sur le fer-blanc avec autant de succès que le fameux signor Sgricci. On le voit composer des alphabets de toutes les tailles ; son état est lucratif, et

Sous ses heureuses mains le cuivre devient or.

C'est dans la boutique de M. Récordon que viennent composer leurs affiches les honnêtes usuriers qui, spéculant sur les dernières ressources de l'indigence, annoncent au public qu'ils dégagent les effets du Mont-de-Piété et les achètent; c'est-à-dire qu'ils enlèvent au malheureux ouvrier le dernier titre qui lui assurait la propriété de la redingote du dimanche, déposée depuis le mardi-gras dans le vaste bazar des misères humaines, et du pantalon d'Elbœuf, qui n'a pu échapper aux folies de la mi-carême. Les caractères de M. Récordon épargnent à ces impitoyables harpagons les frais de l'affiche, et les soustraient à l'impôt obligé du timbre de cinq centimes. Le jeune commis, nouvellement admis à la tenue des livres, vient aussi chez M. Récordon chercher le caractère qui doit suppléer à son inexpérience et à son incapacité pour la *bâtarde*. C'est un tableau digne des pinceaux d'un Rembrandt, que l'intérieur de M. Récordon, embelli de tous les effets du clair-obscur. Assis lui-même, le pinceau et le ciseau à la main, devant son *établi*, cet industrieux graveur, qui ne reçoit la lumière du jour qu'au travers des sinuosités des Z, des Y et des *etc.* appliqués sur ses vitres, accueille, avec toute l'affabilité de l'artiste, ceux qui recourent à ses talens. Ah! monsieur de C...., qui n'avez plus de caractère; ah! monsieur de P..., qui n'en avez jamais eu, venez vous en fournir chez M. Récordon. Et vous, monsieur de V...., qui menacez d'en changer, et vous, monsieur de M...., qui en avez un si gothique, de grâce, arrêtez-vous un moment, en allant au faubourg Saint-Germain, à la boutique du Pont-Neuf.

Auprès de l'honnête littérateur métallique, se trouve un mercier qui, jaloux de faire connaître *à la capitale* son assortiment, son nom et sa bonne foi, a fait peindre, faute de place, sa légende au dos de sa boutique, c'est-à-dire à la partie qui est adossée à la rivière; manière ingénieuse d'étendre sa réputation jusqu'au Pont-au-Change. Le carrefour du Pont-Neuf, compris entre le quai des Orfèvres et celui des Lunettes, s'étend jusqu'à cette boutique. L'opticien Lerebours, limitrophe du bureau de loterie, cherchera sans doute quelque jour à éclaircir la vue des chercheurs de ternes secs qui affluent chez son voisin. En marchant avec quelque persévérance dans cette direction, on arrive à la place que décore le buste du brave et malheureux Desaix, qui mourut, comme Épaminondas, en voyant une victoire, et que l'on a laissé en face de Henri, pour montrer la vieille gloire française à côté de la nouvelle.

Jadis on voyait à la place de la statue de Henri IV qui s'élève aujourd'hui, une autre statue de ce prince,

Qui par de longs malheurs apprit à gouverner,
Calma les factions, sut vaincre et pardonner.

Ferdinand, grand-duc de Toscane, avait fait couler le cheval qui supportait cette statue. Il voulait le faire surmonter de sa propre effigie. Jean de Bologne, élève de Michel-Ange, fut chargé de ce travail. Cosme II, successeur de Ferdinand, donna ce cheval à la régente de France, Marie de Médicis. Il fut embarqué à Livourne, traversa la Méditerranée, le détroit de Gibraltar et l'Océan, et vint échouer sur les côtes de Normandie, auprès desquelles il resta pendant un an au fond de la mer. On l'en tira à grand' peine, et il fut débarqué au Havre, et de là passa sur la Seine à Paris. Le Roi fit construire un piédestal en marbre sur le Pont-Neuf, et on y plaça le cheval, qui resta longtemps sans cavalier. C'est de là qu'est venue la désignation de Cheval de bronze, donné à ce monument.

La statue achevée et mise en

place, on décora le piédestal de bas-
reliefs qui représentaient les batailles
d'Arques et d'Ivry, l'entrée de Henri IV à Paris, la prise d'Amiens et
celle de Montbelliart. Aux quatre
coins étaient des statues de captifs
enchaînés : dans ce temps-là on ne
représentait les rois qu'entourés d'es-
claves.

A l'avénement du bon roi Louis XVI,
on écrivit sur le piédestal de la statue
de Henri IV : *Resurrexit.*

Au commencement de la révolution, on plaça une cocarde tricolore
sur l'oreille de la statue. Ce n'était
pas la première vicissitude qu'elle
eût essuyée ; dans les guerres de la
Fronde, on y avait déjà placé la cocarde de paille, attribut du parti du
Parlement. Enfin, en 1792, lorsque
le roi de Prusse marchait sur Paris,
on fondit toutes les statues pour
faire des canons : celle de Henri IV

eut le même sort. Ce roi, qui durant sa vie avait repoussé l'étranger de la France, servit encore après sa mort à le chasser. A la restauration, la statue de Henri IV fut rétablie par souscription, et le denier du pauvre servit à retracer l'image du Béarnais,

Seul roi de qui le pauvre ait gardé la mémoire.

Sous la protection du populaire Henri IV, une foule de marchandes d'oranges étalèrent long-temps leurs fruits dorés, qui, semblables à ceux du jardin des Hespérides, étaient gardés par de vrais dragons. Las des brocards et des injures marquées au coin des halles, que ces dames faisaient pleuvoir sur les passans, les agens de police, sous prétexte qu'elles empiétaient sur la voie publique, les ont pourchassées, avec assez peu d'urbanité, jusqu'au *boulevard du crime*, en face les théâtres de la Gaîté et de l'Ambigu-Comique. Seulement, dans la première quinzaine de janvier, les marchands de toute espèce et les marchandes d'oranges établissent, par une grâce spéciale, leurs échoppes autour du bon Béarnais.

Un petit monument servant d'aqueduc, et qu'on nommait *la Samaritaine*, se voyait encore, il y a quelques années, sur le Pont-Neuf. Il était situé à deux toises au-dessous de la seconde arche du Pont-Neuf, du côté du quai de l'École. Ce fut encore Henri IV qui le construisit. Les eaux des aqueducs du pré Saint-Gervais et de Belleville ne pouvaient suffire au Louvre et aux Tuileries; un Flamand, nommé Lintlaër, proposa de faire monter par une pompe les eaux de la Seine, et de les élever à la hauteur des bâtimens du Louvre. Henri IV écrivit à Sully à ce sujet : « Sur ce que j'ai entendu que

» le prévôt des marchands et éche-
» vins de ma bonne ville de Paris font
» quelque résistance à Lintlaër de po-
» ser le moulin servant à son artifice,
» sur ce qu'ils prétendent que cela em-
» pêcherait la navigation, je vous prie
» les envoyer quérir et leur parler de
» ma part, leur remontrant en cela ce
» qui est de mes droits ; car, à ce que
» j'entends, ils les veulent usurper, at-
» tendu que ledit pont est fait de mes
» deniers et non des leurs. »

La Samaritaine amusa long-temps
la curiosité parisienne. On voyait sur
la façade un groupe de figures en
bronze doré, représentant la Samaritaine donnant de l'eau à Jésus-
Christ auprès du puits de Jacob.
Une source était figurée tombant
dans un bassin : au-dessous on lisait
une inscription latine tirée de l'Écriture sainte. Ce bas-relief donna lieu,
comme il est d'usage, à beaucoup de

ces chansons qu'on nomme des *ponts-neufs*. Voici deux couplets d'une d'entre elles :

> Arrêtez-vous ici, passant,
> Regardez attentivement,
> Vous verrez la Samaritaine,
> Assise au bord d'une fontaine;
> Vous n'en savez pas la raison?
> C'est pour laver son cotillon.

> Regardez de l'autre côté.
> Comme le Seigneur est planté,
> Qui l'entretient sur la grâce;
> Il lui parle de l'efficace,
> Mais il lui parle doucement,
> De crainte d'emprisonnement (1).

Il y avait en outre une horloge, un carillon qui jouait différens airs, ainsi qu'un jacquemart qui frappait les heures. Ce bruyant appareil était déjà détruit sous Louis XIV, comme on peut le voir par la complainte de

(1) Les discussions théologiques avaient donné lieu à quelques persécutions, vers cette époque.

Dassoucy intitulée : *Complainte de la Samaritaine sur la perte de son jacquemart et sur les débris de sa cloche.*

La Samaritaine, devenue inutile par les nouveaux bassins des Tuileries, fut démolie en 1813.

Le Pont-Neuf était le lieu que les filous choisissaient pour exercer leurs talens. Un écrivain de la fin du règne de Louis XIII a fait une pièce de vers sur les inconvéniens de Paris et spécialement du Pont-Neuf. Elle commence ainsi :

Suis-je pendu cent fois sans corde,
Si jamais plus je vais chez vous,
Maîtresse ville des filous,
Et si je me mets plus en peine
D'aller voir la Samaritaine,
Le Pont-Neuf et ce grand cheval
Toujours bien net sans qu'on l'étrille.

Il est vrai que jadis les malheureux bourgeois avaient peine à échapper aux voleurs de nuit, parmi lesquels on comptait les plus grands seigneurs, qui, à l'exemple de leurs ancêtres les chevaliers errans , voleurs de grand chemin, se donnaient le doux passe-temps de dévaliser les passans. Gaston, duc d'Orléans, est connu pour avoir pris plaisir à voler des manteaux sur le Pont-Neuf. On lit, dans les *Mémoires de Rochefort,* que ce prince ayant volé cinq ou six manteaux , de compagnie avec le comte d'Harcourt, le chevalier de Rieux et le comte de Rochefort, fut surpris par les archers, et alla se cacher, avec ses compagnons, sur le cheval de bronze, et qu'étant montés sur les rênes, leur poids les fit casser. Ils furent arrêtés et conduits au Châtelet , d'où ils ne sortirent qu'en déclinant leurs noms et qualités.

CHAPITRE II.

LE SIEUR MIET.

Vrai rendez-vous des charlatans,
Des filous, des passe-volans,
Pont-Neuf, ordinaire théâtre
Des vendeurs d'onguent et d'emplâtre,
Séjour des arracheurs de dents,
Des fripiers, libraires, pédans,
Des chanteurs de chansons nouvelles,
D'entremetteurs, de demoiselles,
De coupe-bourses, d'argotiers,
De maîtres de sales métiers,
D'opérateurs et de chimiques,
De fins joueurs de gobelets.....

Ancienne chronique.

A l'une des extrémités du Pont-
Neuf, au coin du quai des Augustins,
vis-à-vis le café Blot, on trouve d'ordinaire la pharmacopée ambulante et

la personne de **M. Miet,** qui a rem-
placé la Samaritaine, et qui n'est ni
moins bruyante ni moins utile aux
oisifs du Pont-Neuf que la carillon-
neuse.

L'éloquence de M. Miet est comme
l'ivresse du peuple; C'est la bonne,
dirait Figaro; elle n'a rien de cette
faconde fleurie qui s'exerce souvent
à l'extrémité d'un autre pont, et où la
parade est moins gaie. Notre orateur
en plein vent est persuasif, et tel se
croit au-dessus des préjugés, qui ne
résiste pas à l'éloge qu'il fait lui-
même de sa poudre persanne, éloge
qui se répète aussi régulièrement que
le panégyrique de saint Louis à l'A-
cadémie, et qui n'est pas plus varié.

M. Miet n'est pas un de ces esca-
moteurs vulgaires qui pour tout mo-
bilier étalent aux yeux des curieux
une mauvaise table en X, recouverte
d'un fragment de tapis en lambeaux,

un tabouret en paille et une trompette discordante qu'un jeannot emploie à appeler l'auditoire. L'*Olivier* du Pont-Neuf, *connu avantageusement* sur le quai de la Vallée, dédaigne aussi bien ces jongleries communes que le paillasse de rigueur, la chanson banale et les calembours graveleux, qu'il laisse aux quais de la Ferraille et de Gèvres. Il exerce son art en amateur, et ne dresse sa table que lorsque le beau temps lui assure une nombreuse assistance.

Il est difficile au garçon libraire qui va reporter rue du Cimetière les œuvres de M. d'Arlincourt, au solliciteur qui sort de la rue Serpente pour aller au Trésor, au jeune étudiant qui s'élance de la rue Poupée pour aller voir sa grisette de la pointe Saint-Eustache, et même à l'auteur qui va corriger son épreuve rue du Paon, de ne pas s'arrêter quelques momens et de grossir le cercle qui se resserre sans cesse autour de M. Miet, malgré ses efforts pour obtenir un plus vaste théâtre et ses cris de *rangez-vous ! place au bureau !*

Le public est placé, les commissionnaires du quai de la Vallée ont déjà la bouche béante pour mieux entendre, et la marchande de canards admire avec quel art le sieur Miet imite le cri de la poule dans l'enfantement. Cela n'est rien encore : un sac est vide, il le renverse, le secoue le retourne, et une demi-douzaine d'œufs s'en échappent, aux exclamations et aux ris inextinguibles de l'honorable assemblée.

S'emparant aussitôt de l'admiration qui germe. « Messieurs et dames, » s'écria le sieur Miet, vous allez me de- » mander : Que viens-tu faire ici?—Je » n'ai pas besoin de vous le dire. Chacun » a son théâtre dans ce monde ; le mien

» est ici; la porte est ouverte aux pe-
» tits et aux grands.

» N'allez pas croire, Messieurs,
» qu'après vous avoir récréés par des
» tours de cartes, de gobelets dont
» vous ne voyez qu'une mince partie,
» je vous montrerai mon tapis comme
» un bureau de recette; non, Mes-
» sieurs. Je ne vous demande rien. —
» Mais, me direz-vous, il faut que tu
» manges tous les jours. — Oui, Mes-
» sieurs, je mange; je dirai plus, je bois.
» Possesseur d'un secret utile, jaloux
» de vous en faire part, je viens sur
» cette place pour vous en faire ca-
» deau; oui, Messieurs, vous en faire
» cadeau. » L'orateur cherche parmi
les bouches béantes un enfant dont les
dents soient un peu noires, et l'a-
mène auprès de sa table. « Voilà, un
» enfant, s'écrie-t-il, dont les dents
» se gâtent faute de soins. Dans une
» minute ses dents vont devenir blan-

» ches comme du lait. Tiens-toi droit,
» petit garçon, et ouvre la bouche.
(Il lui frotte les dents avec un morceau de linge couvert d'une poudre
blanche.) « Le tartre est enlevé, Mes-
» sieurs.—Mais avec quoi l'as-tu en-
» levé? direz-vous. — C'est mon se-
» cret, et je vais vous le dire. En 1805
» j'eus occasion, pendant l'ambassade
» de Perse à Paris, de faire la con-
» naissance avantageuse de Mirzi-bi-
» bikankan, secrétaire de l'ambassa-
» deur. J'eus l'honneur de lui faire
» connaître quelques tours de physi-
» que amusante; et comme je remar-
» quais que tous les Persans avaient
» les dents extrêmement blanches, il
» me fit part du secret incomparable
» de la poudre persanne; et c'est la
» poudre persanne que je vous pré-
» sente ici. Or, Messieurs, je ne suis
» pas de ces charlatans qui vous di-
» sent : J'ai guéri un prince turc, un

» ministre hollandais, un gentilhomme
» chinois, un corsaire d'Alger, et la
» preuve c'est que voilà leur peau dans
» une bouteille. Non, Messieurs, ces
» artifices sont trop grossiers ; moi, je
» cherche mes preuves dans la nature
» prise sur le fait. Je n'ai qu'à vous
» montrer les dents, vous les trouve-
» rez belles ; elles le sont, et je ne se-
» rais pas si bête, possédant le secret
» de la poudre persanne, que de ne
» pas m'en servir. Voyez ces instru-
» mens, Messieurs, ces pinces de fer,
» ces tenailles, ces fourches ; tout
» cela, Messieurs, est destiné à vous
» torturer la mâchoire. On vous gué-
» rit, mais on vous arrache les dents.
» Je vous vois frémir, Messieurs ; ces
» instrumens vous font peur ; eh bien
» avec ma poudre persanne, ils de-
» viennent inutiles ; je les jette sur le
» pavé, et ce n'est plus que de la
» vieille ferraille !

1...

» Ma poudre, Messieurs, n'est pas
» destinée uniquement à la partie odon-
» talgique ; elle ne borne pas ses bien-
» faits à blanchir les dents ; elle gué-
» rit de toutes les douleurs de gencives,
» de la racine des dents, les raffermit
» dans la mâchoire, enlève le tartre,
» la carie, et les conserve. — Mais, me
» demanderez-vous encore, combien
» prends-tu pour nettoyer les dents ?
» — Rien, Messieurs ! Si quelqu'un
» dans la société a les dents cariées
» ou viciées, il n'a qu'à s'approcher,
» et je ne lui prendrai rien. Et comme
» la confiance attire la confiance, je
» vendrai de la poudre persanne avec
» la recette pour s'en servir : j'en suis
» le seul propriétaire, avec l'autori-
» sation de la Faculté de médecine,
» de l'Académie des sciences, et l'a-
» grément de l'autorité. Il y a des
» boîtes à trente sous, j'en ai à un
» franc ou vingt sous ; en voici d'au-

» tres qui ne coûtent que dix sous ; en
» voilà à six ; et enfin, comme il y a
» plus de petites bourses que de gran-
» des, j'ai encore quelques boîtes plus
» petites, et je les donne pour quatre
» sous. Demandez, faites-vous servir.
» Une boîte de six à monsieur ? — la
» voilà : une boîte de quatre à ma-
» dame ? — la voici. »

Madame Miet s'approche et vient
aider au débit lorsqu'il y a affluence,
et la distribution se fait en bon ordre. Chacun songe alors à s'éloigner,
mais M. Miet tient sa péroraison toute
prête, et, nouveau Démosthènes, ral-
lie les trop légers Athéniens.

« Ne vous en allez pas, s'écrie-t-il,
» j'ai encore un cadeau à vous faire. »
Il déploie en même temps un petit
carré de taffetas enduit d'une cire
verte, destinée à la guérison radicale
des cors aux pieds, ognons, durillons,
porreaux, etc., *composée de vingt-*

deux plantes aromatiques, sudori-
fiques, extirpantes et émollientes.
« Vous souffrez des cors, dit-il, vous
» les coupez ; mais vous n'entamez que
» l'épiderme ; la racine reste, le cor
» se reproduit, et vous souffrez de
» nouveau. Voici une composition chi-
» mique dont je suis le propriétaire
» et l'inventeur. Avec cela, Messieurs,
» vous pourrez guérir radicalement
» douze cors ; et j'en fais cadeau à
» tous ceux qui ont pris de la poudre
» persanne. Il s'agit de couper, avec
» des ciseaux, un morceau de ce taf-
» fetas égal à l'étendue du cor, et de
» l'appliquer le soir en vous couchant.
» Vous le laissez trois fois vingt-quatre
» heures. Au bout de ce temps, Mes-
» sieurs, le cor est-il guéri ? Non,
» Messieurs, il n'est pas guéri ; mais
» vous n'en souffrez plus. Vous le
» laissez encore deux fois autant de
» temps, après quoi vous enlevez dou-

» cement le taffetas, qui emporte avec
» lui le cor et une racine noirâtre,
» qui est le germe ou la racine du
» cor. Ceux qui ont pris des boîtes,
» faites - vous servir ; c'est un cadeau
» que je vous fais ; si vous n'êtes pas
» guéris, venez me trouver sur cette
» place ; je vous rends votre argent.
» Si je n'y étais pas, les boîtes por-
» tent mon adresse ; je demeure habi-
» tuellement chez moi, rue Dauphine,
» n° 12, ou chez le marchand de vin
» en face. »

La foule se dissipait peu à peu. Les
incrédules et les possesseurs d'un bon
mécanisme mâchelier s'étaient éloignés les premiers ; il ne restait plus
que quatre ou cinq petits garçons et
une bonne d'enfant, qui admiraient
la veste verte à manches courtes de
M. Miet, qui donnait encore quelques consultations à des mâchoires
enflées ; un homme grand et sec,

couvert d'une redingote bleue, à pantalon brun étroit, le chapeau enfoncé sur les yeux, à favoris épais et revenant sous l'oreille, la cravate noire et la chemise terne, qui avait parcouru le cercle du débitant pendant la séance, s'approcha mystérieusement de lui, en lui frappant familièrement sur l'épaule.

« Ça, lui dit-il, la recette a été bonne ; vous devez être content ?

— C'est une des minces de la semaine, répondit sans se déranger et flegmatiquement l'opérateur qui fermait sa boutique, c'est-à-dire sa boîte à compartimens. Je ne me plains jamais, car les affaires vont le mieux du monde ; il ne tiendrait qu'à moi d'ouvrir une boutique brillante, dans un beau quartier, et d'y vendre de l'eau de Stahl ou de l'eau des Odalisques ; mais je n'en gagnerais pas davantage. Je ne donne pas dans le luxe, moi, et je m'en trouve bien.

— Vous êtes philosophe !

— C'est mon état.

— Dites-moi donc, vous n'auriez pas vu, dans la société qui vous entourait, un chapeau gris couleur amadou, de gros yeux bleus, avec des façons de moustaches blondes, noires, frisées ou pendantes, car il en change tous les jours ; avec une redingote de bouracan vert d'eau, à collet de velours râpé. C'est un flâneur de mes amis que je cherche.

— Oh ! oh ! cet ami-là ne serait peut-être pas bien flatté de vous voir.

— Pourquoi ?

— Rien, rien, je m'entends ; c'est une idée que je me fais.

— Parlons plus bas, monsieur Miet, vous me rendrez service. Je vous en saurai bon gré.

— Quand je suis sur la place, je parle toujours haut, moi. Je n'ai pas peur qu'on m'entende. D'ailleurs, je vois tout le monde et je ne vois personne, je ne regarde que les dents. Tenez, les vôtres ne sont pas blanches. Est-ce une boîte de six qu'il vous faut?

— Non, non.

— Eh bien, serviteur; je vais me nettoyer la bouche chez le marchand de vin. »

M. Miet s'éloigna, et l'homme bleu le suivit de l'œil en grommelant.

CHAPITRE III.

L'HOMME BLEU.

Il vous fait signe d'aller vers lui, comme
s'il avait quelque communication à
faire à vous seul. Voyez avec quel
geste amical il vous invite à passer
dans un endroit plus écarté. Mais n'y
allez pas avec lui.

SHAKSPEARE, *Hamlet, act. I, sc. IV.*

L'HOMME bleu habite une mansarde auprès de l'arche Marion. L'allée étroite qui conduit en serpentant
à sa demeure, est caressée par un
double égoût. Sa voisine, la blanchisseuse, ferme toujours sa porte lorsqu'il monte ou descend, et, comme
le roi Richard III, les chiens aboient

sur son passage. Il se lève de grand matin et ne rentre que fort tard ; il ne déjeune ni ne dîne jamais dans le même endroit ; mais on le voit tour à tour rue de la Calendre, au café Conti, à la Morgue. Assis chez Lemblin, il lit l'*Étoile* de la veille et demande le *Constitutionnel* aux Tuileries. Il se promène jusqu'à midi sur le quai des Orfèvres, et va sur le quai des Augustins, demander l'*Origine des cultes de Dupuis* ou le *Système de d'Holbach*. Il examine avec soin les livres qui couvrent les parapets, et les bas-Normands qui les exposent en cachent quelques-uns à son approche. A trois heures, il traverse en tous sens la Bourse ; les groupes s'ouvrent insensiblement devant lui, et les raisonnemens sur les causes de la baisse ou de la hausse expirent à son oreille. Il se glisse dans la foule qui borde le Théâtre Français, lorsqu'on joue l'*École des Vieillards;* il nourrit la conversation parmi les amateurs ennuyés d'attendre, et leur offre du tabac de la Civette. Il se glisse et s'avance, et le gendarme semble même lui sourire. Une foule se dissipe-t-elle, il en cherche une autre; cet homme aime le bruit, le monde; il n'a jamais le temps de s'ennuyer; il sait provoquer une conversation rien qu'en se mouchant, et ne manque pas de dire *Dieu vous bénisse* à ceux qui éternuent. Il fait dans la journée dix tours des passages du Panorama et de Feydeau, et montre aux provinciaux la richesse des boutiques. Le gendarme, a-t-on dit, est un signe infaillible de réjouissance; il est partout où l'on s'amuse : l'homme bleu est un signe d'affluence; on ne le voit jamais à l'Odéon, ni au théâtre de la rue de Chartres, bien rarement à l'Opéra-Comique; il fuit la rue de

Richelieu quand on joue le *Maire du palais*. Il dédaigne le Gymnase depuis quelque temps, et fuit la Porte Saint-Martin depuis le départ de Potier; mais on est sûr de le trouver aux premières représentations, aux bals de l'ambassadeur d'Angleterre et du baron de Béthanie, faisant queue parmi les laquais à Longchamps; aux courses de chevaux, aux sermons des missionnaires, aux distributions gratuites, et aux chambres lorsqu'on discute sur le budget. C'est le solitaire, il voit tout, entend tout, est partout; et quand trois personnes s'assemblent, l'homme bleu vient faire la quatrième une seconde après,

———

CHAPITRE IV.

—

LE LIBRAIRE.

Vous pourrez voir un temps vos écrits estimés,
Courir de main en main par la ville semés,
Puis de là, tout poudreux, ignorés sur la terre,
Suivre chez l'épicier *Janin* et *Lamerlière*,
Ou de trente feuillets réduits peut-être à neuf,
Parer, demi-rongés, les rebords du Pont-Neuf.

BOILEAU, *Sat. IX.*

MÉCONTENT de la réponse du marchand de poudre persanne, l'homme bleu remontait le Pont-Neuf en murmurant et cherchant au loin à découvrir un chapeau gris. Il s'arrêta quelque temps à l'encoignure, devant l'étalage d'un marchand d'estampes, faisant la grimace à Eugène Beauharnais et à Poniatowski, contemplant avec complaisance lord Wellington et les cosaques du Don.

Une petite fille marchandait *le lever* et *le coucher de la mariée,* gravures coloriées qui étaient trop chères pour sa bourse; *Geneviève de Brabant* et *Geneviève de Paris,* l'une avec son cerf, l'autre avec sa quenouille, attiraient peu de regards; mais la foule s'arrêtait devant les spirituelles grimaces de Boilly et les braves grotesques de Charlet. Une bonne vieille furetait dans les cartons pour trouver, entre *Il m'a fait des traits, ma chère,* et *Faut-il qu'un homme soit cochon* (1)! un saint Vincent de Paul dont elle pût faire hommage au vicaire de Saint-Etienne-du-Mont. L'homme bleu jeta un coup d'œil scrutateur sur le vendeur et les cha-

(1) Traduction lithographique de la spirituelle chanson de MM. Frédéric de Courcy et Rousseau.

lands, passa outre, et s'arrêta devant le libraire Alexandre, bonhomme tout rond, qui a l'air d'une édition compacte.

« Et la littérature, lui dit l'homme bleu, qu'en faisons-nous?

— Tout est au rabais : voilà un Fénelon à vingt sous le volume, et j'ai été obligé de donner hier pour étrenner un Racine à cinquante centimes?

— Et on appelle cela le siècle des lumières! Mais voici un ouvrage encore humide.

— Oui; c'est la *Monarchie de M. le comte de Montlosier*, qui n'a paru que d'hier, et cependant on le trouve trop vieux.

— Et cette édition presque entière qui occupe deux rayons?

— Ce sont les Parodies des romans de M. d'Arlincourt, par M. T. Gilbert; c'est un grand homme; il a trouvé moyen d'être plus mauvais que son modèle. Son recueil de chansons a eu plus de succès; j'en ai vendu trois exemplaires.

—Vous tenez donc aussi des livres de piété?

— Sans doute. Tenez, voilà une suite de jésuites qui se vendent à tout venant. Ils ne se donnent pas à bon marché encore : ce que c'est que d'avoir la vogue!

— Encore des romans... *Le Ligueur, les Cuisinières.*

— Oui; de M. Dinocourt, de M. Raban. Charmans ouvrages... J'en ai là cinquante exemplaires en feuilles; ceux-là se vendront bien. On se les arrache à la Vallée. C'est si commode pour l'enveloppe!

— Qu'est-ce que c'est que tous ces petits volumes-là?

—Ce sont des *Résumés.*

—Des Résumés?

— Oui, c'est-à-dire, comme qui dirait l'essence de l'histoire. On ne veut que des résumés aujourd'hui ; on en fait de toutes les façons ; voilà l'histoire de France en deux cents pages ; un libraire du quai prépare pour le jour de l'an l'Histoire universelle dans un bonbon cosaque et la Charte en papillottes.

— Cela aura du succès.

— Vous croyez rire ! nos auteurs ne s'effraient de rien. D'ailleurs, le public est là qui paie, et l'on peut aller avec cela. Voyez tous ces Mémoires, chacun fait les siens. On a les Mémoires dramatiques, les Mémoires de la révolution, les Mémoires de la révolution d'Angleterre ;. on annonce ceux des danseuses de l'Opéra ; si les souvenirs de ces dames les servent fidèlement, nous aurons des in-folios.

— Tenez-vous aussi les pièces de théâtre ?

— Sans doute. Mais le bon temps est passé. Le public n'achète plus depuis que la censure coupe et taille sans rime ni mesure.

— Quels sont donc les livres qui ont du débit?

— Tenez, monsieur, ce sont tous ceux-là. Voyez *Shakespeare*, *Byron*, *Walter-Scott*, *Schiller*, *Lessing*, *Wieland*; le théâtre allemand, anglais, danois, esclavon, espagnol, hollandais, italien, polonais, portugais, chinois, russe, suédois; tout cela s'enlève avec une rapidité inconcevable; c'est à la *librairie française* du sieur Ladvocat, qui ne tient que des livres étrangers, qu'on trouve toutes ces productions couvertes de *w*, de *k*, et de noms en *wick*, en *burg*, en *ston*, et en *off*, qui sont à la mode aujourd'hui. Le romantique, monsieur! le romantique! il n'y a plus que cela pour vivre. Boileau, Bossuet, Bourdaloue et Massillon ne rapporteraient pas les frais de patente, tandis que Cooper, Walter-Scott et Moor nourrissent ma femme et mes enfans.

— Mais nos jeunes poètes ? nos auteurs de circonstance ?...

— Nos jeunes poètes, monsieur? Est-ce Lavigne, Viennet et Lamartine, dont vous voulez parler ? Honneur à ceux-là, Monsieur! Je n'ai pas, comme certains libraires, leurs noms inscrits en lettres d'or sur une colonne de ma boutique; mais qu'on m'apporte leurs vers, je les paierai tout comme un autre. Quant aux poètes de circonstance, j'ai bien entendu parler d'un certain Mély-Jeanin, d'un M. Chazet; mais je vous avoue que leurs œuvres ne sont jamais passées en mes mains : c'est étonnant ! il faut qu'elles soient restées sur l'étalage du quai de la Préfecture. »

L'homme bleu fit une grimace.

« Tenez, voilà des romans féminins
que je vous donnerai pour le papier,
depuis mesdames de Genlis, Bournon-
Marlarme, de Sartory, Fleury, Si-
mon – Candeille, Barthélemy - Hadot,
de Courval, d'Oglou, etc., etc., jusqu'à
la portière bel-esprit, auteur de *Fi-
délia* ou *le Voile noir*. Est - ce tout
cela que vous voulez ? je vous en ferai bon marché. Est-ce pour l'épice-
rie, le tabac, ou la droguerie en
gros ?

— Non, non, je cherche un chapeau gris.

— Je ne suis pas chapelier; adres-
sez-vous à M. Mesnier, au bout du
Pont-Neuf, entre mon confrère Pi-
chard et *le Caraïbe*.

— Vous ne m'entendez pas, bonhomme : c'est un homme à chapeau
gris couleur d'amadou, de gros yeux
bleus...

— Ah ! ah ! je vous entends.....,

mais moi je ne fais que la librairie ; vous voyez mon assortiment. Quand il vous plaira de m'acheter au comptant, je vous traiterai en pratique. Adieu, l'heure m'appelle ; il faut que j'aille à la vente de Sylvestre, rue Neuve-des-Bons-Enfans. Cadet, veille à l'étalage ; et si l'on te vole quelque chose ça sera pour tes étrennes. »

Le libraire prit son chapeau et descendit le parapet en souriant avec malignité.

« Mauvais bouquiniste ! s'écria l'homme bleu en continuant son chemin ; puisses tu n'acheter que les Proverbes de Gosse, les chansons du chevalier Jacquelin ou les odes du chevalier Dupuy-des-Islets. »

CHAPITRE V.

LES TONDEURS DE CHIENS.

. . . . D'où vient donc qu'on endure
La faim, le froid, les coups, les dédains et l'injure,
Paiement coutumier du service des grands ?

Vous, passans, qui jetez vos dédaigneuses vues
Sur ce chien délaissé mort de faim par les rues,
Attendez ce loyer de la fidélité.

Pamphlets de la Ligue.

« Où est-elle, où est-elle ? deman-
dez-moi ce qu'elle fait, » disait maître
Deschamps, le doyen des artistes du
Pont-Neuf, en tondant un barbet que
mam'selle Manette lui avait apporté ;
« elle me laissera tout l'ouvrage, et la
sienne n'est pas faite ! Chienne de
femme ! queu commerce fait-elle ! si

encore, une supposition, le diable l'avait emportée! il n'y aurait que demi-mal; mais je n'aurai pas ce bonheur-là. Allons, tiens-toi là, Bibi, que je ne te coupe pas, sans le vouloir. Dis donc, eh! Pichot, t'as pas vu ma voleuse? alle rogomise au Châtelet avec la Parfaite. Ces savoyardes-là me font droguer. J'ai la bouche pleine de poils, je peux pas seulement aller me rafraîchir. C'est-il tannant!

— Tu peux pas te rincer le baquet d'un verre de coco, nigaud...

— T'est encore bon là, monsieur pas-grand-chose; moi boire de la tisanne! c'est bon pour toi, qu'en a bésoin, et qui va retourner s'te semaine dans la rue de la Santé.

— Vas-tu pas encore te fâcher, porc-épic?

— Je me fâche pas; j'enrage la soif.

— Eh ben, tu peux pas envoyer

un hérisson te chercher un porichi-
nel? Tiens, v'là Margotte qui passe.

— T'as, ma foi, raison. Je peux
pas quitter; le particulier s'en irait.
Eh! Margotte, Margotte!... Elle ne
répond pas. La jolie bouquetière !

—- Que voulez-vous, maître Deschamps? des violettes? elles embau-
ment, pour un sou.

—- Ouain, j'aime pas ce baume-là.
Fais - moi un plaisir, mon chou? Va
me chercher un canon, pourvu qu'il
soit rouge; tu lui diras de le mettre
sur mon compte. Va vite, j'étrangle.

— J'entends, j'entends, père Deschamps.

— Il y a pas d'arètes, » dit Deschamps en avalant d'un seul trait le
verre de vin que la petite marchande
de fleurs lui apportait.

« Merci, mon enfant. Houpe, cadet, à la besogne; ça fait du bien
ousque ça passe. Allons, caniche, je

te vas friser à la Tamerlan. Dieu de Dieu, j'avais - t'y soif! Ah! v'là l'homme bleu. Il s'arrête à mon vis-à-vis. Qu'est-ce qu'y vous faut, ma pratique?

— Ah, ah! maître Deschamps, voilà le beau temps, le chien donne.

— Oh! la tonte va bien; mais on ne coupe presque plus.

— Voilà un beau caniche.

— C'est un pattu; il est à un monsieur qui veut le changer pour un basset, à cause qu'il veut entrer aux droits-réunis. Si j'avais eu des chiens couchans, j'en aurais vendu vingt cette semaine; on en demande de tous les côtés.

— Vous avez là dans votre cage de jolis petits chiens. Cela est de vente?

— Ah, ça dépend; nous avons aussi la hausse et la baisse. Tenez, vous voyez ce petit blanc-là, il était noir avant-z'hier. Il n'a encore qu'une première couche. Il va repasser demain à l'amidon, et si ça prend bien je ferai les avances d'une queue et de la paire d'oreilles. Il avait été donné par un agent-de-change à une danseuse; elle l'a cédé à son monsieur, qui en a fait cadeau à une comtesse. Mais comme il aboyait après les valets et qu'elle recevait beaucoup de monde de là-bas, elle l'a donné à son cocher. Il m'a coûté mes trois francs cinquante centimes, d'un ramonat qui l'a escamoté. Je le rends blanc parce que c'est la mode, et puis, qu'on ne les reconnaît plus du tout comme ça.

— Oh! oh! mais vous risquez à vous faire empoigner, maître Deschamps.

Ah bah! on ne s'arrête pas à ces menuescries-là aujourd'hui; ces messieurs ont ben d'autres chiens à fouetter. D'ailleurs, il n'y a pas d'effraction. C'est pas comme si on faisait le mouchoir, le Code n'a pas d'artiques là-dessus. Et vous qu'êtes bon enfant, ne m'en avez-vous pas vendu un qui venait des cuirassiers et qu'avait la queue en trompette. D'ousqui vous venait? Ah! ah! vous riez, vous voyez bien. Marchand d'ognons se connaît en ciboules.

— Et le chien du régiment, qu'en avez-vous fait?

— Ah! le pauvre Mouton; il a une bonne place à st'heure. Il est chez un restaurateur de la rue Jean-Pain-Mollet, ousqu'y dîne à trente-deux sous.

— J'en suis bien aise, je m'intéressais à lui.

— Ah! pour dire le vrai, c'est que son histoire est fièrement belle. Il y en a qui ont eu la croix d'honneur qui en ont pas fait autant. Si un savant connaissait tout ça, il en ferait un beau mélodrame ou une belle pièce de cheval pour **M. Franconi.** Moi, une supposition, si j'avais été riche, j'aurais gardé ce chien-là comme un invalide. Mais le père Soupier m'en a donné une pièce de quinze francs; j'avais des effets en gage, et allez donc.

— Puisque vous êtes en train de babiller, contez-moi donc cette histoire en détail, cela fait passer le temps, et je ne suis pas fâché de rester à cette place pour attendre quelqu'un.

—Ah! mon Dieu, ce que c'est que de nous! et qu'il est ben vrai de dire qu'il n'est qu'heur et malheur dans ce monde oùsqu'y a tant de chemins de traverse! « En disant ces mots, maître Deschamps commença en ces termes :

———

CHAPITRE VI.

HISTOIRE DE MOUTON.

Dieu fait voir que l'homme est semblable
aux bêtes ; car les hommes meurent
comme les bêtes ; leur condition est
égale : comme l'homme meurt, la bête
meurt aussi. Les uns et les autres res-
pirent de même : l'homme n'a rien
de plus que la bête.

Ecclésiaste, ch. XVIII, v. 19.

« Un pauvre sergent du 32ᵉ de li-
» gne, qui était parti conscrit en 1807,
» se trouvant en garnison à Paris, à la
» caserne de la rue Babylone ; il ar-
» riva un soir, qu'il avait oublié l'ap-
» pel. Il s'était amusé à boire avec
» des tailleurs de sa connaissance. Il
» revenait un peu en zig-zag, par la

»rue du Four, quand il vit au coin
»d'une borne un petit chien barbet
»tout crotté, et qui venait d'être
»quasi écrasé par une voiture de sé-
»nateur. La pauvre bête gémissait et
»avait l'air de lui dire comme ça :
»Sauvez-moi la vie? Et le sergent, qui
»avait l'âme bonne, lui dit : Oui je te
»la sauverai, pas plus tard que tout
»de suite! Moi, une supposition, à
»sa place j'en aurais fait autant ;
»car j'aime les bêtes, et un barbet
»noir et blanc c'est rare. Pour vous
»finir donc, le sergent l'emporta à
»Babylone, oùsqu'on lui dit : Mon
»garçon, tu vas coucher à la salle de
»police, à cause que le roulement des
»chandelles est sonné à l'heure qu'il
»est. Il dit : Ça m'est égal; et il passa
»la nuit dans la cambuse sur de la
»paille avec son petit chien, qu'il lava
»et bassina soigneusement avec de
»l'eau-de-vie et de l'eau. C'est ce

»qu'il y a de mieux pour les jeunes
»chiens. — V'là qu'au bout de huit
»jours le petit barbichon se portait
»comme vous et moi, trottait par
»toute la caserne et connaissait joli-
»ment le rappel de la cantine. Son
»maître lui avait donné nom *Mouton*,
»à cause qu'il était doux. Il faisait
»l'exercice, que ça faisait confondre
»de rire, avec une baguette. Le régi-
»ment partit de là pour l'Espagne, et
»Mouton fit son étape par jour, comme
»un grand garçon. Il connaissait tous
»les soldats, caressait les officiers et
»mordait les jambes de l'adjudant,
»d'une manière toute gentille, si bien,
»qu'on l'appela le chien de la compa-
»gnie, et comme tout le monde l'aimait,
»on l'appela ensuite le chien du régi-
»ment. C'est qu'il ne craignait pas le
»feu; il allait en avant, les balles pas-
»saient par-dessus sa tête, et il dansait
»au son de la musique, sautant pour

» l'armée française par - dessus la
» canne du tambour-major. La guerre
» d'Espagne, ça n'allait pas du tout ;
» et on revint à Montauban de bric
» et de brac. Mais le sergent Tillard
» (c'était le nom du sergent) s'était
» bien comporté ; il eut la croix et de-
» vint sergent - major. On envoya le
» trente - deuxième, qu'avait souffert,
» en garnison à Verdun. C'était plus
» loin que d'ici à Saint-Denis. Mais mon
» Mouton arpenta tout ça sans se gê-
» ner, à pied et sans se faire prier.
» En route, l'empereur les passa en
» revue à Toulouse, et une réponse
» adroite valut au sergent Tillard des
» épaulettes. Les v'là donc arrivés à
» Verdun, et le sergent qu'était offi-
» cier, demeurait dans une grande
» hôtel, rue Chevert. Ils y restent un
» an à peu près comme ça, et de là
» on les fait joindre le premier corps
» pour la guerre de Russie, ousqu'il

» ne faisait pas chaud. Ils font huit
» cents lieues de pays, monsieur, sans
» s'arrêter, que c'est la gloire des
» gloires ! Moi, j'y étais pas, mais j'ai
» un cousin de ma femme qui y est
» mort gelé dans les lanciers de la
» garde. Le pauvre chien suivait tou-
» jours son maître : s'il arrivait queu-
» que escarmouchade et qu'y se trou-
» vât à l'écart, son maître n'avait qu'à
» lui dire : Mouton, Mouton ! il venait
» avec lui en serre-file ; il connaissait
» la parole comme le canon. Mais pas
» du tout, ils traversent des fleuves, des
» rivières, je ne sais quoi, ils arrivent
» à Moscou ; la débâcle arrive. Ils ne
» comptaient pas sur le dégel. V'là
» une débandade de tous les diables :
» le feu à la ville, l'armée en dé-
» route, on n'y connaît pus rien. Le
» brave Tillard est blessé à la tête, on
» le porte à l'ambulance. Il a encore
» sa connaissance et demande son

» chien. On ne sait plus ce qu'il est
» devenu, mais un tambour de la cin-
» tième lui dit qu'il a reçu un coup
» de feu dans l'oreille, et qu'il l'a pansé
» lui-même, Ça lui faisait une peine,
» c'pauvre homme, qu'il en pleu-
» rait; il aimait son Mouton comme
» un frère. Il y avait sept ans, mon-
» sieur, qu'ils ne se quittaient pas !
» Mais vous allez voir; je ne vous di-
» rai pas les allées et les venues, les
» marches et les contre-marches de
» toute l'armée dans c'te bagarre,
» oùsque M. Tillard a été bien heu-
» reux d'être blessé, car i' serait mort.
» Enfin, il revint encore tout malade
» à Strasbourg, d'où il revint à Paris
» reprendre son service; mais il était
» toujours triste d'avoir perdu son
» chien. Mettez-vous à sa place. Il y
» resta jusqu'à l'entrée du Roi, oùs-
» qu'on le mit à la demi-solde. Mais
» ça ne dura pas long-temps, et il fut

» placé dans la légion de Seine-et-
» Marne, vous savez bien, les habits
» blancs avec des revers vert foncé.
» Mais vous ne devineriez jamais une
» chose? le pauvre Mouton, qu'était
» resté aux alentours de Moscou, avec
» une blessure à l'oreille, empoigna
» encore un coup de pied de cheval
» sur la patte de devant. Il perdait
» tout son sang, il ne pouvait plus al-
» ler. Il pleurait et il criait comme
» pour appeler son maître qu'était déjà
» mêlé avec les bagages et les blessés.
» Il alla se coucher sur un vieux cha-
» peau, oùsqu'un sapeur lui lava sa
» plaie de la tête, tandis que le pau-
» vre animal pansait sa patte lui-même
» en se la léchant. Il suivit le sapeur
» quelques jours, et il n'était pas en-
» core guéri quand il s'échappa. Il
» traverse de nouveau tous les pays
» oùsqu'on l'avait amené, fait près de
» huit cents lieues, revient en France

» et arrive droit à Verdun. Pauvre
» Mouton ! il croyait retrouver son
» maître, il va gratter à la porte de
» l'hôtel. L'aubergiste est diantre-
» ment étonné, il croit que le régi-
» ment arrive ; mais bernique, il n'en
» restait guère. Les uns étaient par
» ici et les autres par là - bas. Il avait
» appris par les journaux la marche
» du régiment, et il ne comprenait pas
» comment ce pauvre animal avait
» résisté à tant de fatigues et fait tant
» de chemin. Il regarda Mouton com-
» me un héritage que lui laissait un
» brave officier mort au champ de
» bataille. Il en eut soin, et ça dura
» comme ça, bah ! plus de deux ans.
» Il ne pensait plus à rien, cet homme,
» il appelait toujours Mouton le chien
» du régiment, parce que c'était l'ha-
» bitude, et il ne l'aurait pas donné
» pour six pièces de cent sous. Un
» matin, il s'en va fumer sa pipe,

» comme à l'ordinaire, dans l'a basse
» ville ; il voit arriver un régiment sur
» la place. Qu'est-ce qu'il voit ? le lieu-
» tenant Tillard, bien changé ; mais
» il le reconnaît tout de même. Il lui
» saute au cou, il l'embrasse comme
» du pain. Et puis, il lui vient une
» idée. « Escusez, mon officier, qu'il
» lui dit ; mais j'espère que vous vien-
» drez demeurer chez moi ; c'est que
» j'ai un de vos amis qui serait bien
» enchanté de vous voir, et qui vous
» attend à déjeuner. — De tout mon
» cœur, mon brave, après l'appel de
» dix heures, » que lui dit le lieutenant.
» Et v'là mon bonhomme qui court
» chez lui, passe son tablier, et pré-
» pare deux couverts dans la chambre
» où avait demeuré l'officier. Le pau-
» vre Mouton pleurait toujours en
» entrant dans cette chambre- là.
« Tiens-toi tranquille, mon vieux gro-
» gnard, que lui dit l'aubergiste, et

»cache-toi dans ce cabinet. » V'la
»M. Tillard qui arrive tranquille
»comme Baptiste, sans se douter de
»rien. Il voit deux couverts sur la
»table et demande c'tami qui l'at-
»tend. Crac, la porte s'ouvre, et v'là
»mon Mouton qui le reconnaît, qui
»saute après lui, fallait voir! et le v'là
»lui et son chien qui pleurent comme
»deux bêtes; ça m'attendrit rien que
»d'y penser. Ce pauvre homme, il
»s'en est trouvé mal d'évanouisse-
»ment : c'était bien fait pour ça; et
»y a pas à dire, c'est qu'ils ont dé-
»jeuné ensemble, comme l'auber-
»giste lui avait dit. Il aurait retrouvé
»sa femme, qu'il n'aurait pas été si
»content. Toute la ville parlait de
»st'aventure - là. Depuis ce temps,
»vous imaginez bien qu'ils ne se sont
»plus quittés. Ils ont été dans plu-
»sieurs garnisons que je ne me rap-
»pelle plus, et puis ils revinrent en-

» core à Paris, l'automne dernière.
» L'officier Tillard m'amena son chien
» pour le tondre. Je le ramenai à l'a-
» dresse qu'il m'avait donnée, du côté
» de la rue Verte. Mais il venait d'a-
» voir un coup de sang et s'était fait
» porter au Val-de-Grâce. J'y courus
» tout de suite. Il venait de mourir.
» L'histoire de ce bon chien, qu'il m'a-
» vait racontée d'une manière si tou-
» chante, m'avait fendu le cœur, et je
» lui promis, malgré sa mort, de l'ai-
» mer comme moi-même par amour
» pour lui. La pauvre créature pleura
» son maître tant et tant. Je l'ai
» gardé tout l'hiver; je l'ai nourri
» comme moi, toute la même chose;
» sans compter que je l'ai encore
» tondu la semaine dernière, ce qui
» ne laisse pas que de faire deux fa-
» çons. Moi, une supposition, je l'au-
» rais bien gardé; mais avec ça que
» je ne manque pas de chiens, celui-

» là maigrissait de chagrin, et parce
» qu'il était accoutumé à une bonne
» cuisine. Au jour d'aujourd'hui tout
» est hors de prix, on n'a pas la viande
» pour rien à la halle ; on n'a pas d'é-
» gard aux petits particuliers, et on
» nous fait payer le bœuf, à nous pau-
» vres tondeurs de chiens, comme à
» des banquetiers. Tout ça fait, voyez-
» vous, que je l'ai cédé à une connais-
» sance. Mais pour ce qui est de ça,
» je ne pouvais pas mieux trouver. Il
» sera bien nourri chez le père Sou-
» pier ; il engraisse déjà et est chez
» lui comme le poisson dans l'eau.
» Quand il voit une uniforme ça lui
» fait de la peine. Il n'est plus jeune,
» et ma foi le v'là aux Invalides. »

CHAPITRE VII.

LE COLLIER.

Tirez, tirez, tirez, ils ont pissé partout.
RACINE, *les Plaideurs, act. III.*

« COMMENT diable, maître Deschamps, s'écria l'homme bleu, vous racontez à merveille !

— C'est ce que ma femme me dit souvent ; et quand je lui conte quelque chose, elle veut toujours que je recommence. Il faut m'entendre raconter l'Auberge des Adrets, ou les Deux Forçats.

— Vous allez donc quelquefois au mélodrame ?

— Oui, par-ci par-là, le diman-

...2

che, quand la semaine a été bonne, on lâche les soixante centimes au paradis. Mais c'est mal composé, ma femme n'y va plus.

— Au fait, vous devez gagner pas mal ; tout est gain pour vous ; vous n'avez pas de déboursés.

— Bah ! laissez donc, les chiffonniers gagnent plus que nous. Ils vendent les peaux pour faire des bas ; nous n'avons que le poil de la bête, et il en faut diablement pour faire une livre.

— Quoi ! vous vendez le poil de chien ?

— Quien ! vous ne savez pas que le caniche fait de l'édredon du nord et de l'Astracan ?

— Allons, allons, je vois que vous n'êtes pas à plaindre.

— Tiens, c'est plutôt vous, qui n'avez qu'à vous promener. — Ah ! mais, tenez, voyez-vous c'te petite

dame qui vient là-bas avec ses soc-
ques articulés, elle m'a vendu un
métis il y a huit jours. Son mari est
un chaud libéral; il n'en a pas voulu,
parce qu'elle l'appelait *Turc*. Je voulais lui passer mon *Fox*, qui est là...
un petit chien noir qui a des feux et
qui se gratte; son homme n'aime pas
les Anglais non plus. Elle en a acheté
un à la voisine, la mère Lapuce,
qu'elle appelle *Benjamin*. Rangez-
vous, rangez-vous donc; v'là une petite dame qui a un collier à la main
et son monsieur sous le bras; elle
cherche un autre chien, c'est sûr.

— Et moi, je vois deux chapeaux
gris qui lisent les affiches; je m'en
vas aller regarder sous la coiffe.

— Vous faut-il quelque chose, ma
petite dame? J'en ai de bien jolis.
J'ai un fidèle, j'ai un angola. Je
vous arrangerai bien.

— Voyons vos carlins.

— J'ai les deux frères; c'est une petite paire bien gentille; vous devriez prendre tous les deux : deux chiens que je loue trois francs à la Comédie française quand on joue les Plaideurs. Demandez plutôt à M. Cartigny, qui m'a fait avoir la pratique.

— Non, je n'en veux qu'un, et encore il faut que ce collier-là puisse lui convenir.

— Alors, il vous faut plus gros que ça. Ce barbu-là fera votre affaire; je vous le coifferai à la neige, et y sera bien gentil.

— Il a le cou trop fort.

— Non, non, serrez-moi-y le cou, y a pas de danger, ça va se prêter.

— Il crie, j'ai peur de l'étrangler.

— La méchante bête! il le fait exprès. Tenez, en v'là un autre. Ah! il est bien aimable celui-là; et puis d'abord tout ce que je vous vends là a eu la maladie.

— Le collier est trop large. C'est celui de Chéri. J'ai eu le malheur de le perdre.

— En le rembourrant un peu, il sera juste ; et ça sera plus douillet. Eh bien, essayez-moi dans ces deux-là. »

La jeune femme prit dans ses bras les deux chiens, pendant que le jeune-homme qui l'accompagnait tenait son sac. Elle passa en revue tous les petits chiens, qui sortirent l'un après l'autre de la cage où ils étaient pêle-mêle. Elle flottait indécise entre les deux derniers que lui présenta l'adroit maître Deschamps en lui vantant leur bonne éducation, lorsque l'incongruité de ces petits animaux la frappa à la fois par le toucher et l'odorat. Elle les jeta avec dépit sur la sellette du tondeur, se hâta d'essuyer le résultat fâcheux de leur intempérance, qui mettait sa robe de *florence* en danger, et s'éloigna en maudissant les tondeurs et les chiens. Maître Deschamps était atterré ; il n'eut pas la force de rappeler une pratique si outrageusement accueillie.

CHAPITRE VIII.

LES AFFICHES.

Le commis qui s'est fait auteur
Va cherchant par toute la ville
L'annonce de son éditeur;
Le petit clerc de procureur
Qui fit son quart de vaudeville,
S'attend à trouver chaque jour
Le titre de son œuvre immense
Décorer avec complaisance
L'encoignure d'un carrefour.
Ces pauvres faiseurs d'hémistiches,
Pleins de leur amour paternel,
Pensent voir leur nom immortel
Dès qu'il se lit sur les affiches.

La petite Métromanie.

L'homme bleu s'était placé, lui sep-
tième, derrière le colleur d'affiches,
qui laissait lire au public chaque an-

nonce à mesure que son pinceau la
déroulait, non sans envoyer une gra-
tification de colle aux amateurs. La
jaune affiche de l'Opéra attira les
premiers regards. Le nom d'Ipsiboé
passait de bouche en bouche, et faisait bâiller par anticipation et peut-
être par souvenir.

« Oh ! disait un jeune homme, j'ai
lu le roman et j'ai vu l'opéra ; la re-
liure de l'un et la musique de l'autre ne les ont pas rendus meilleurs.
Quel dommage que deux hommes
aussi habiles que Kreutzer et Thou-
venin (1) aient fait pâlir leurs talens
sur de telles rapsodies ! On nous annonce pour la prochaine fois Fer-
nand Cortès et Nina ; c'est du moins
une consolation.

— Monsieur, dit un vieillard qui
regardait avec attention, appuyé sur

(1) Célèbre relieur demeurant rue Mazarine.

sa canne, la composition de la *Jeanne Shore*, des Français, monsieur, dit-il; il fut un temps où l'Opéra se serait perdu avec un pareil spectacle. L'arrêt d'*Ipsiboé* eût été prononcé dans un souper dès le soir de sa première représentation; aujourd'hui, on ne se donne pas le temps de la digestion; on déserte l'Opéra français pour les roucoulades des Bouffons; et le Rossini rend fort indifférent sur le plus ou moins de mérite de la musique française. D'ailleurs, par qui faire jouer les bons opéras? Laïs vient de se retirer; Chéron, Larrivée et Lainez sont bien loin; madame Branchu songe à la retraite, et nous la regrettons déjà. L'Opéra est menacé d'une décadence complète; sans les jambes de Paul, il ne marcherait guère. Terpsichore pleure encore Bigottini. *Peau d'âne* et *la Belle au bois dormant* que l'on nous promet sauveront-ils ce grand vaisseau du naufrage ? Il faut qu'il soit bien en péril, puisqu'on remet le gouvernail entre les mains des fées.

— Oh ! oh ! dit un grand jeune homme à vue basse en s'inclinant pour lire l'affiche du théâtre de la rue Richelieu : *Jeanne Shore* et *Crispin rival de son maître;* voilà du vieux et du nouveau. Mais l'un ne vaut pas l'autre, et le petit acte de Lesage vaut bien les cinq de l'auteur moderne.

— Sans contredit, monsieur, dit le petit vieillard, la petite pièce de *Crispin rival* a son mérite; mais je ne partage pas votre opinion sur la première. J'ai été indigné avec bien d'autres de la manière plate et ridicule dont certains petits folliculaires éventés ont traité l'auteur d'*Agamemnon,* de *Pinto* et de tant d'autres productions remarquables. Honneur au littérateur français qui, par des efforts toujours renaissans, a le courage d'apporter une couleur nouvelle sur notre scène! Des écueils l'environnent; il en a surmonté un grand nombre. Ne traitons pas si légèrement d'extravagance une ardeur qui est celle du génie. Quant au *Crispin rival*, dont messieurs les sociétaires affligeront le public pour la cinquantième fois de l'année, toute jolie qu'est cette polissonnerie, je trouve déplorable qu'on la représente uniquement parce qu'elle n'est point d'un auteur vivant. C'est à la Comédie Française surtout que se vérifie le fameux adage, *les morts ne reviennent pas;* on ne paie pas de droits à feu Lesage, et on le joue.

— Eh bon Dieu! je sais tout cela aussi bien que vous. Le comité s'assemble le samedi; messieurs les sociétaires siégent dans la grand'cham-

bre, tandis que les pauvres pensionnaires attendent l'issue de la délibé-
ration dans les corridors et sous l'escalier ; ces messieurs et ces dames
règlent le plaisir du public selon
leurs dîners en ville et leurs parties
de campagne. Michelot, ami des arts
et des jeunes auteurs, réclame en
vain pour eux ; tout l'aréopage parle
pour les trépassés ; *Eugénie*, la
Femme jalouse, *les Ménechmes*, *l'A-*
vare, *Phèdre et Manlius* sont procla-
més pour la semaine, au détriment
des Templiers, *du Folliculaire*, *des*
deux Gendres, *de Marie Stuart* et de
Régulus, et les pensionnaires sont
bien et dûment condamnés à jouer le
dimanche devant les banquettes *l'In-*
trigue épistolaire et l'Ecole des maris.

— Bien, bien, monsieur, vous parlez en auteur refusé, qui se venge en
épigrammes. Je suis désintéressé, et
je vous dirai que malgré les plaisan-

teries que l'on fait sur la Comédie Française, c'est encore là que l'on joue la bonne comédie, quand ces messieurs veulent s'en donner la peine. Je ne suis pas de ces vieux amateurs qui trouvent tout mauvais, et vont hausser les épaules à l'orchestre en demandant où sont Molé, Préville, Lekain, Dugazon et Monvel. j'accorde encore quelque mérite aux artistes contemporains, et, ma foi, j'ai la faiblesse d'admirer Talma, mademoiselle Duchesnois, mademoiselle Mars, Baptiste, Michelot, Monrose, et jusqu'à Damas quelquefois.

— Votre indulgence s'étend-elle aussi sur ce pauvre Opéra-Comique, où l'on ne rit pas tous les jours?

— Pourquoi pas? Ponchard, madame Rigaud, madame Pradher, et Huet lui-même, me font souvent plaisir; et quand je passerais ma vie à regretter Elleviou, Martin et Chénard, j'aime autant m'ennuyer à *Emma* ou à *la Neige*, que de m'endormir au Café de la Régence en lisant la Quotidienne. »

A ce mot, l'homme bleu s'était approché, comme s'il entendait parler d'une vieille connaissance, et demanda s'il y aurait beaucoup de monde à Feydeau pour voir *Zémire et Azor* et *Richard Cœur-de-Lion*. On lui rit au nez. On parla encore du théâtre de l'Opéra-Comique, de ses sociétaires, de ses pensionnaires et de son nouveau directeur.

« Pour lui, dit le grand jeune homme, nous espérons bien qu'il restera sur les nobles planches où le voilà, pour nous laisser les tréteaux roturiers qu'il a exploités si long-temps.

—Ah ! ah ! monsieur travaille donc aussi pour le boulevard ?

— Je ne m'en défends pas, j'ai eu

même l'honneur d'être refusé à l'unanimité à l'Ambigu-Comique, par M. Franconi jeune, le seul membre du comité qui ne dormait pas. Le comité de la Gaîté est du moins plus honnête; la directrice y préside, et son régisseur le compose; et ils ne nous refusent jamais qu'à deux.

—Et le Second Théâtre, qu'en dites-vous? Voyez, pour l'ouverture : *Jeanne Shore*, tragédie de M. Liadières.

— Ils nous ennuyaient bien assez avec deux genres; depuis qu'ils jouent *les Trois Genres* je n'y connais plus rien. J'irais bien ce soir au Vaudeville, où j'ai mes entrées, mais il est fermé.

— Personne ne paraît s'en être aperçu; c'est sans doute une ruse de M. Bérard pour attirer l'attention.

— Au Gymnase : *la Mansarde des artistes, le Perruquier et le coif-*

feur, *l'Héritière* et *Partie et revanche*. Quatre pièces de monsieur Scribe. Quelle exploitation! On va bien vite à la fortune avec une voiture à quatre roues.

— Je me souviens, monsieur, il y a dix-huit mois, d'avoir vu le même jour dix-sept pièces de ce fécond auteur, sur les affiches de Paris. Comme je tiens note de tout, je pourrais vous en donner la nomenclature tout aussi bien que les registres de M. Prin (1). Attendez, attendez. Je dois avoir cela sur moi. Justement. »

Le vieillard ouvrit un antique porte-feuille assez volumineux, duquel s'échappa un petit cahier que le vent chassa à quelques pas. L'homme bleu le ramassa promptement à l'insu du vieillard, et le fit disparaître.

(1) Agent dramatique, rue Vivienne, n° 15.

« Voici ma note, continua le vieillard. Je l'ai copiée textuellement :

Le 22 décembre 1822.

THÉATRE FRANÇAIS.

. . . .

Valérie, de MM. Scribe et Mélesville.

THÉATRE DE L'OPÉRA-COMIQUE.

Leicester, de MM. Scribe et Mélesville.

La Chambre à coucher, de M. Scribe.

THÉATRE DU VAUDEVILLE.

La Somnambule, de MM. Scribe et G. Delavigne.

La Visite à Bedlam, de MM. Scribe et Poirson.

Frontin mari-garçon, de MM. Scribe et Mélesville.

THÉATRE DES VARIÉTÉS.

Le Solliciteur, de M. Scribe et compagnie.

L'Ours et le Pacha, de MM. Scribe, Saintine, etc.

L'Intérieur d'une étude, de MM. Scribe et Dupin.

. . . .

GYMNASE DRAMATIQUE.

Michel et Christine, de MM. Scribe et Dupin.

Le Gastronome sans argent, de MM. Scribe et Brulay.

Les Eaux du Mont-d'Or, de MM. Scribe, Saintine et Courcy.

La Petite lampe merveilleuse, de MM. Scribe et Mélesville.

. . . .

THÉATRE DE LA PORTE SAINT-MARTIN.

Le beau Narcisse, de MM. Scribe, Saintine et Courcy.

THÉATRE DE LA BARRIÈRE MONT-PARNASSE.

La Demoiselle et la Dame, de MM. Scribe, Dupin, etc.

La petite Clari, de MM. Scribe, etc.
L'Intérieur d'un bureau, de MM. Scribe et Warner.

» M. Scribe fait le monopole du vaudeville ; il exploite Paris et les départemens ; il n'est si petite bourgade qui ne soit tributaire de ses couplets ; c'est le fermier-général de la littérature dramatique.

— Ah ! monsieur, vous ne voyez que l'affiche : si vous connaissiez comme moi les détours du sérail, vous sauriez que M. Scribe a trois opéras à l'Académie royale de musique, une comédie en cinq actes aux Français, un opéra en trois actes et un autre en un acte, dont M. Auber fait la musique ; qu'il possède à l'Odéon deux ou trois opéras, remis à neuf de compagnie avec M. Castil-Blaze, le gargottier lyrique, le débitant de miroton musical, et un nombre infini de vaudevilles qui vont fondre comme la Neige sur tous les théâtres chantans.

« — Vous êtes jaloux de son bonheur. J'ai vu beaucoup de jeunes écrivains s'honorer de sa collaboration et estimer son travail assidu et fructueux. Faites dire de vous ce qu'on dit de lui, c'est tout le malheur que je vous souhaite. »

Le bonhomme tira son chapeau et partit.

Le champ resta libre aux plaisans qui lisaient les affiches. Le pauvre Gymnase fut accablé. On assura que l'acteur Perrin, après avoir émigré des Jeunes-Artistes à la Montansier, de la Montansier à Bordeaux, de Bordeaux à Lyon, de Lyon à la rue de Chartres, de la rue de Chartres au Gymnase, du Gymnase à la Porte Saint-Martin, et de la Porte Saint-Martin au Gymnase, irait jouer *le Juif-Errant* à l'Ambigu. Les Variétés, seul théâtre où l'on rie de bon cœur, fut impitoyablement ridiculisé par ces messieurs. On pardonnait aux acteurs leur ensemble parfait, qui attire la foule tous les soirs, mais on ne passait pas au directeur Mira-Brunet de jouer tous les jours les pièces de son gendre et celles de M. Dartois, et de repousser, avec une persévérance opiniâtre, les ouvrages de bon ton et les auteurs décens. La Porte Saint-Martin ne tenait plus que sur les échasses de Mazurier ; encore trouvaient-ils la bouffonnerie des *Meuniers* mieux jouée autrefois et plus convenablement placée chez Mme Saqui. On se sépara en convenant que le meilleur théâtre de Paris, et celui où la cabale a le moins d'empire, est celui de M. Comte, le physicien du Roi, où la guerre n'a lieu qu'entre bambins, où tout le soin des régisseurs se borne à débarbouiller les acteurs, et où l'escamotage ne se fait que rideau levé.

Quelques provinciaux seuls demeurèrent plantés devant d'autres affiches, promenant alternativement leurs regards indécis entre l'annonce des plats à 6 sous et les dîners à 22 sous. Auprès de l'annonce d'une cire composée pour la guérison radicale des corps aux pieds, ognons, durillons, figurait, entre le titre d'une brochure sur la réduction de la rente, et le rapport d'un jugement rendu par le deuxième conseil de guerre contre un voleur à main armée, la Vie de Cambarès et celle du prince Eugène Beauharnais. Un fonds de restaurateur à vendre recouvrait en partie les opuscules poétiques de M. Léonard; un porte-feuille perdu était affiché auprès des fournitures d'un ministère, et une foule de jeunes gens sans place lisait avec avidité une demande de commis, de secrétaires et de garçons de boutique. Plusieurs d'entre eux transcrivaient l'adresse indiquée sur le placard, sans se douter que cette annonce voulait simplement dire : On demande cinq francs, dans telle rue et à tel numéro. Ce dernier groupe se dissipa à l'approche de l'homme-affiche, moniteur ambulant qui porte la diligence de Lyon sur son dos et les bains de la pompe à feu sur son estomac. C'est encore un de ces bienfaits de la civilisation qui ont traversé le Pas-de-Calais sur le bateau à vapeur.

CHAPITRE IX.

LES TABLETTES D'UN VIEUX PARISIEN.

> Ne suis-je badaud de Paris ?
> De Paris, dis-je, auprès Pontoise.
>
> RABELAIS, *l. IV*, *ch.* 67.

NOTRE homme bleu avait passé son chemin, ne trouvant pas dans les deux chapeaux gris ce qu'il cherchait ; il était déjà au-delà de la boutique de l'orfèvre voisin des affiches, lorsque, curieux de connaître le papier que le vieillard avait laissé tomber, il le tira de sa poche. Nous ignorons ce qu'il comptait y trouver ; mais ce qu'il y a de certain, c'est qu'il parut désappointé. C'était le

journal d'un désœuvré, encore n'é-
tait-il pas complet. Ce cahier parais-
sait avoir été détaché d'un autre plus
volumineux. L'homme bleu y lut ce
qui suit :

« — 18 juin 1789. — Le matin, à
»la procession de la petite Fête-Dieu,
»la musique de Janissaires s'ac-
»cordait parfaitement avec la voix
»rauque des chantres. J'ai senti le
»besoin d'aller à l'Opéra. On don-
»nait *Ariadne dans l'île de Naxos.*
»Au lever du rideau, Ariadne est en-
»dormie; Thésée arrive pour la voir
»encore une fois; il lutte avec son
»amour, et se laisse entraîner par ses
»compagnons. Ariadne prononce en
»songe un très-beau récitatif. On est
»convenu de trouver tout naturel à
»l'Opéra : j'eus garde de m'en cho-
»quer.

»Mlle Maillard jouait le rôle d'A-
»riadne : sa figure ronde, sa gorge

» prépondérante, ses formes prono-
» cées, lui ôtent toute analogie avec
» la beauté antique ; mais, dès qu'on
» l'entend on oublie tout le dispa-
» rate de sa personne avec l'hé-
» roïne qu'elle représente. Lainez, qui
» jouait Thésée, commence à man-
» quer de voix. Plus il descend, plus
» il ouvre la bouche, au point que
» pour donner un *la* son menton écra-
» sait sa poitrine.

» Après *Ariadne*, on donna *les Pré-
» tendus*. Cette musique me plaît beau-
» coup. La duchesse d'Orléans, qui
» vint entre les deux pièces, fut ac-
» cueillie avec des applaudissemens.

» — Le 20 juin. — Aux Variétés
» amusantes, j'ai vu *la Joueuse* de Co-
» lin d'Harleville. Monvel y jouait le
» rôle du père. Ses collègues du théâ-
» tre Français ont tellement cabalé
» contre lui, qu'il s'est réfugié sur ce
» petit théâtre. Il est vieux, mais il a

» tout le feu d'un jeune homme. Le
» public français a cela de remar-
» quable, qu'aucun mot fin, aucune
: beauté, ne sont perdus pour lui. Il
» applaudit avec enthousiasme tout ce
» qui mérite de l'être. Après la pièce,
» le parterre appela Monvel à grands
» cris. Le rideau se leva lentement, et
» je vis un spectacle touchant. L'ac-
» teur, conduit par Colin d'Harle-
» ville, s'avança sur le bord de la
» scène. Il était encore pâle et hale-
» tant de la fatigue que lui avait causée
» son rôle. Le bon d'Harleville se jeta
» dans ses bras, et le vieux Monvel
» ne put s'empêcher de laisser couler
» des larmes d'attendrissement. Les
» bravos redoublés, les applaudisse-
» mens, durèrent jusqu'à la chute du
» rideau. Je n'oublierai jamais cette
» scène.

» — Le 24. — Au théâtre Italien
» on donnait *les Arts et l'Amitié*, et

» *Sargines ou l'Élève de l'amour.* La
» première pièce m'a singulièrement
» intéressé. Trois jeunes artistes, un
» peintre, un poète et un musicien,
» ont adopté une jeune enfant aban-
» donnée. Ils vivent ensemble avec
» elle ; elle a grandi sous leurs yeux ;
» ils la regardent comme une sœur.
» Chacun d'eux se croit aimé d'elle ;
» elle croit les aimer tous également ;
» mais le jeune peintre est le plus
» amoureux, et c'est lui qu'elle pré-
» fère sans le savoir elle-même. Un
» vieil avocat du voisinage, épris de
» la jeune fille, et rebuté par elle,
» trouve moyen d'écrire des vers in-
» jurieux, et de dessiner un croquis
» obscène sur les toiles du peintre. Un
» exempt se présente, guidé par lui,
» et les trois amis sont arrêtés. La
» gouvernante de l'avocat dénonce sa
» fourbe, et un riche financier, qui
» s'intéresse aux jeunes gens, vient à

»leur secours. La jeune fille épouse
»celui qu'elle aime, après une scène
»d'indécision fort bien amenée entre
»les trois artistes (1). La seconde
»pièce, *Sargines*, fait briller le ta-
»lent de Mme Dugazon.

»— Le 25. — Je n'ai pas trouvé
»de place à l'Ambigu-Comique. On
»donnait *le Baron de Trenck, ou le
»prisonnier prussien*. J'ai eu la cu-
»riosité d'entrer dans une baraque
»du boulevard, devant laquelle flot-
»tait une bannière ornée, comme
»celle d'un canton suisse, de l'effigie
»d'un bœuf. J'y lus cette inscription :
»*Je me flatte d'être l'unique de mon
»espèce, je suis âgé de quatre ans,
»et je pèse 5447 livres;* et sur la porte :
»*L'incomparable bœuf cyclope.* Je ne
»vis qu'une lourde bête, qui avait

(1) M. Scribe a traité le sujet de cette pièce,
avec son talent ordinaire, dans le vaudeville
intitulé *la Mansarde des Artistes.*

»ses deux yeux, comme beaucoup
»d'autres. Je demandai au maître do
»l'animal pourquoi il avait nommé
»son bœuf *cyclope*; il me dit qu'il
»l'aurait bien nommé le bœuf géant,
»mais qu'il y avait déjà eu des bœufs
»géans sur le boulevard, et pas en-
»core de bœuf cyclope. Je ne trou-
»vai rien à répondre à cela.

»— Le 27. — J'ai vu *le Marquis*
»*de Tulipano* au théâtre de Mon-
»sieur, dans les Tuileries. C'est une
»farce à laquelle Paësiello a mis une
»musique délicieuse.

»— Le 29. — On m'a entraîné
»au théâtre des grands danseurs du
»Roi. J'y ai trouvé meilleure com-
»pagnie que je ne m'y étais attendu.
»J'ai été de là au théâtre des Asso-
»ciés, qui donnent trois représenta-
»tions par soirée. Je n'ai pas regretté
»mes douze sous.

»J'irai demain au théâtre des Pe-

» tits Comédiens de Monseigneur le
» comte de Beaujolais. On dit que des
» enfans y jouent la pantomime avec
» un grand talent. Du reste, ce théâ-
» tre n'est rien moins que moral.
» Quelque jour, nos réformes politi-
» ques s'étendront peut-être jusqu'aux
» enfans. »

CHAPITRE X.

LA RENCONTRE.

Eh bien! Jack le boursoufflé? Eh bien!
mon gros matelas de chair, holà!
— Comment! c'est toi, Hal, drôle de
corps; que diable fais-tu ici?
— Donne-moi un verre de vin, garçon;
n'y a-t-il plus de vertu sur la terre?

SHAKSPEARE, Henri IV.

LE lecteur en était là de ses tablettes, lorsqu'une lourde main lui
tomba sur l'épaule, et le fit incliner
sensiblement du côté gauche. Cette
marque touchante d'amitié lui venait d'un gros homme trapu, à face
large, qui l'étouffa d'une épaisse em-
brassade, avant qu'il eût le temps
de le reconnaître.

«Comment! c'est toi, mon pauvre

Rossignol, s'écria le nouveau venu. Quelle heureuse rencontre !

— Eh ! c'est Potard. Du diable si je t'aurais reconnu. Tu étais si petit et si chétif à l'école! Te voilà comme une boule !

— Oui, j'ai l'air d'un député du centre ; mais je me suis plus engraissé de pommes - de - terre que de truffes. J'ai fait mes dix-sept campagnes ; je me suis retiré de la bagarre ; aujourd'hui je suis dans le commerce. Corbleu ! nous ne nous rencontrerons pas sans boire un verre de vin.

— Pas mal pensé ; avec ça que la poussière du Pont - Neuf altère. Entrons aux barreaux verts, en face de Henri IV.

—Volontiers. »

Les deux amis entrent sans façon dans la maison de commerce du sieur Duguingan. Ils se placent dans la grande salle. Le devant du comptoir

3...

était entouré de cochers de cabriolet, de charbonniers et de porteurs d'eau.

« La roquille est sûrette, s'écria un Auvergnat en vidant son verre; donnez-moi z'e n du blanc qui ne soit pas vert.

— Ah! ben, il est joli pour celui-là, reprit une femme chargée d'une hotte de linge mouillé qui dégouttait sur les jambes nues d'un commissionnaire tout occupé à calculer la durée de son fromage de Brie sur la grosseur de son pain.

— Eh ben, ma vieille, la Tourain a donc gagné un terne de vingt-et-un sous ?

— Ah ! ne m'en parlez pas ; faut-il qu'alle ait du bonheur ! Un battoir comme ça ne m'arriverait pas, à moi. Alle est plus heureuse qu'une honnête femme. Alle va marier sa pigrièche de ce coup-là. Le petit frisé va lui revenir. Dieu ! va-t-elle faire sa dame avec ses douze cents francs !

— Ah ! faut dire aussi que le bureau est bon.

— Laissez donc, s'écrie un vernisseur qui buvait du cassis avec une connaissance ; j'y ai risqué les quarante-cinq sous de deux toises de granit, la semaine de Pâques ; j'ai eu zéro. Tous ces joujoux, c'est de l'attrape-minette. Je ne donne plus dans ce quolibet-là ; ça fait brosse. J'aime mieux vingt-cinq petits verres.

— T'a encore raison, père Badigeon ; mais si il te tombait un petit quaterne sur les épaules, tu ne dirais pas gare l'eau. Ça n'empêche pas que j'ai rêvé tout d'même trois fiers numéros. Veux-tu mettre chacun quinze Jacques, nous les risquerons ?

— Déballe donc, nigaud, vaut mieux les boire ; pas vrai, père Rincebec ? c'est son avis à lui.

— J'en ai du bon à quinze qui vaut le gros lot. D'ailleurs, tout ça, on sait que c'est des bêtises. J'ai un oncle qui a mangé dix mille livres de rentes à ce métier-là ; et la loterie, la bourse et les jeux publics, autant de brigandages que la maréchaussée ne poursuit pas.

— Ah ! que c'est ben dit! Il y en sait long le père Rogomme. S'il avait étudié, il ne serait pas dans un comptoir de plomb. A votre santé, mon ancien.

— Si j'en étais capable, madame Savonnet.

— Y a-t-il de la place? s'écria une voix rauque. C'est comme une distribution gratis ici. » C'était un de ces officiers publics que créa en si grand nombre le grand Roi, vers le temps de la paix de Nimègue, lorsque, épuisé de victoires et d'argent, il donna à la renommée cent cin-

jouie; c'est pas de la première jeunesse, mais ça travaille, ça marche bien; un petit cheval! En ménage, je vois ça comme ça. Et toi,
es-tu marié?

— Mais... non.

— T'es pourtant un peu grisard;
faudrait penser à ça. Vois-tu, moi,
en quittant le service, je me suis dit
comme ça : Voyons, Potard, attention au commandement! Il te faut
une femme; mais garde à vous! Si tu
prends une blanchisseuse en fin qui
fasse la dame, demi-tour en arrière.
Ne prends pas non plus une Savoyarde,
qui te jettera sa soupe aux choux à
la figure, et regrettera ses marmottes.
Le sentiment, alte-là; c'est des bé-
tises oùsqu'on s'enfonce. J'avais deux
cent cinquante francs; j'ai rencontré
sur le boulevard une personnière du
faubourg; ça avait l'air de m'aller,
j'ai dit : En avant! ça s'est bâclé avec

les trois bans, le maire et le curé ; et allez, me voilà dans les *cornibus*, avec deux petits garçons qu'on dit qui me ressemblent. C'est drôle, tout ça m'amuse ; je vois ça comme ça, moi.

— Et ton commerce ? Ne m'as-tu pas dit que t'étais dans les affaires ?

— Eh ! sans doute. Les malins disent que c'est de pièces et de morceaux ; mais ça rapporte.

— Tu es donc tailleur ?

— Brrt ! C'est bon dans les grandes rues ce métier-là. Vois-tu, je demeure rue Gracieuse, dans le faubourg Saint-Marceau. Deux cent cinquante francs de loyer ; mais je les paie. Mes employés marchent. De l'activité et du chiffon ; je vois ça comme ça, moi.

—Ah ! tu es....

— Équarrisseur ; et avec tout ça , c'est pas le cheval qui donne. Il y a une contrebande du diable là-dedans. Les loueurs font le commerce eux-mêmes. Mais le chiffon, oh ! le chif-on, c'est ça qui donne. J'ai entrepris ça en gros, moi ; vingt-cinq crochets sur le pavé de Paris ! sans compter que cet hiver je ferai le parchemin.

— Courage, ami, tu parais t'y entendre ; tu feras ta fortune.

— Eh ! tout comme un autre. Il n'y a pas de sot métier, comme on dit. Mes magasins sont tout aussi bien fournis que ceux de la rue Vivienne. Tous les chiffons des modistes me reviennent, et si je voulais monter une bibliothèque, il y a des auteurs dont j'ai plus de deux cents exemplaires, et j'en suis pas embarrassé comme le quai des Augustins ; je revends tout ça pêle-mêle, et j'ai plus de bénéfice que l'éditeur. Et toi, l'ami Rossignol, quel métier fais-tu dans cette grande ville?

— J'avais d'abord pensé au commerce; c'était dans mes goûts; mais un garçon, vois-tu, et pas d'avance. J'ai cherché quelque temps; et comme j'avais un monsieur dans ma manche, j'ai obtenu une petite place.

—Eh! tant mieux; c'est pas mauvais ça. Dans l'administration?

— Oui. J'ai mon bureau. Je vas, je viens, j'avancerai peut-être.

— Est-ce dans les tabacs, dans les poudres, dans les salpêtres, à la poste?

— Non; c'est dans la partie.... de la voie publique.

— Dans les boues?

— Oui.... c'est ça...

—Et combien que ça te rapporte?

— Ah! c'est suivant. Il y a un petit fixe et des *boni*.

— T'es dans les boues! Eh bien! tu pourrais me rendre un service.

— Lequel?

— Il faut te dire qu'on fait des avanies à mes employés. Ils disent qu'on les vexe de la part de la petite voierie, qui réclame les gros tas. Mais j'entends pas tout ça. Est-ce que nous n'avons pas la liberté individuelle ? Je demande l'indépendance du crochet. Il faut que tout le monde vive; je vois ça comme ça, moi. Je te vas griffonner un bout de pétition.

— Mais quand je t'ai dit que j'étais dans les boues… je voulais dire…

— Tu voulais dire, quoi? Je t'ai parlé franchement.

— Sans doute… aussi, moi, mais vois-tu…

— Ah ! bah ! quand on cache son état, c'est que le métier ne reluit pas au soleil. Le mien n'est pas brillant; mais je peux le dire tout haut. Je suis ce que je suis. Tiens, Rossignol, je vois ton affaire. T'as toujours été louche, je m'en rappelle.

Tu biaisais déjà étant tout petit; tu ne marches pas plus droit à cette heure. Ça te fait rougir. Adieu ; restons-en là. Je vas payer la bouteille. »

CHAPITRE XI.

LE CHAPITRE DES CHAPEAUX.

Ὥςε ὅυτε ἐλεφνὸν, ὅυτε φοβερὸν τὸ συμϐαῖνον.

ARISTOTE, *Poétique*, *chap. XII.*

Le malheur et la honte du méchant n'ont rien de pitoyable ni de terrible pour nous.

POTARD était sorti assez froidement du cabaret, laissant son camarade peu satisfait de la conclusion de son discours. L'homme bleu sortit par l'autre porte, et alla philosophiquement s'adosser contre la colonne qui sert de fanal aux bains Vigier. Il regarda quelque temps couler l'eau, et descendre et monter les baigneurs.

4

Il se retourna bientôt du côté mou-
vant, craignant de laisser échapper
le chapeau gris qu'il avait en tête,
et commença à deviser avec lui-
même, faute d'interlocuteur, et ne
se souciant peut-être plus d'en rencontrer.

« Chapeaux de toutes les couleurs
et de toutes les formes, s'écria-t-il
après quelques momens de réflexion,
et point de chapeau gris ! Quand on a
comme moi l'habitude de connaître
le monde, sans positivement regarder
les individus en face, on en vient à
pouvoir dire l'âge et la qualité des
gens, rien qu'en voyant leurs chapeaux. Voilà, par exemple, un jeune
fat en pantalon blanc avec un chapeau tout neuf. Son abonnement
vient de finir chez son chapelier; il
recommence son trimestre, et va se
promener aux Tuileries et au boulevard Italien pour remettre en hon-

neur les bords larges et les formes
pointues. S'il venait à le perdre dans
quelque foyer ou au bal, il serait
fort embarrassé. Il a toujours des
chapeaux neufs et n'en a pas un qui
lui appartienne. Je vois un chapeau
en baleine, dont le propriétaire me
paraît avoir un peu trop compté sur
l'élasticité de son couvre-chef. C'est
un commis du Trésor, qui arrive
chaque matin avec un castor sur sa
tête. Il l'accroche au-dessus de son
bureau, et s'esquive en se coiffant du
chapeau de baleine qu'il a dans sa
poche. On le croit occupé dans la
chambre voisine à dépouiller les bor-
dereaux de recette départementale,
tandis qu'il compose un vaudeville
chez un restaurateur de la rue Mon-
torgueil. Ce bon papa, avec son chapeau d'osier, est un rentier qui a
voulu l'assortir à sa cariole. Il aime la
campagne, et se donne l'air cham-

pêtre, surtout quand il va dîner dans la chambre qu'il a louée au second, chez un marchand de suif de Pantin. Cette petite dame, avec un chapeau blanc orné de fleurs rouges, est la femme d'un ancien général. Elle est convenue avec ses amies d'afficher le mécontentement : elle se figure que ses grenades et ses coquelicots expriment tout ce qu'elle regrette et ce qu'elle désire. Quant à ce petit homme sec, à cheveux crépus, avec un foulard pour cravate, et dont l'habit vert est veuf de quelques boutons, c'est un commis marqueur du port au Vin ; la forme affaissée et les bords relevés de son petit chapeau, témoignent le nombre de procès-verbaux et les certificats d'origine qu'il a dressés sur ce pupitre de feutre ; les pans de son habit se balancent avec roideur ; il a encore dans sa poche l'encrier de corne et la *rouanne* (1) inflexible. Ce long et fluet personnage, à bottes jaunes, terminé par un chapeau de paille de forme basse et ronde, et qui ressemble à une allumette soufrée des deux bouts, est un comédien de province. On voit encore des deux côtés du chapeau les agrafes qui lui servent à attacher la plume blanche ou noire et à relever fièrement le bord, lorsqu'il joue Pierre de Portugal ou Jean Sbogar. Une petite vieillote s'avance de ce côté avec un chapeau rose fané où l'on aperçoit quelques mouches éparses ; ce sont des taches d'encre. C'est une femme auteur ; elle a dans son sac un énorme manuscrit qu'elle va porter en hâte à son libraire. Elle songe déjà à une œuvre nouvelle ; elle a l'air pensif et sourit de temps en temps à une pensée dé-

(1) Instrument dont se servent les commis de la régie pour marquer les tonneaux.

.4

licate qui lui arrive avec le zéphir. Elle va passer devant son dernier ouvrage, qui gît sur le parapet du quai de la Monnaie avec les bouquins dépareillés. Bon, voilà un garçon boulanger qui veut s'établir; son chapeau brossé à contre-poil annonce des intentions. Il va épouser la fille ou la veuve du maître boulanger; il vient même de risquer la paire de gants à dix-neuf sous; on ne pourra résister à tant de grâce et d'élégance. Mais, ô ciel ! un chapeau gris amadou, des moustaches...; si c'était... »

L'homme bleu s'élance; le vent et la poussière arrivent en tourbillons et le repoussent en arrière. Il lève les mains pour assurer son feutre à larges bords ; il n'est plus temps; il roulait déjà en ricochets sur le bord du quai, et ne fit qu'un saut de la rampe des bains dans la rivière, paraissant voguer paisiblement vers Saint-Cloud.

Il se retourna stupéfait et la bouche béante ; il semblait rappeler cet inséparable compagnon qui le quittait si brusquement. Comme pour augmenter ses regrets et les changer en honte, la foule des badauds se porta en masse sur le parapet avec des éclats de rire et des huées. Il se fit jour avec colère, lança un dernier regard d'adieu sur le chapeau presque submergé, et gagna à grands pas sa cellule de l'Arche-Marion. Un décrotteur, qui se trouva sur son passage, vit renverser de fond en comble son établissement ; l'homme bleu, sans écouter ses lamentations, continua son chemin par le quai de la Ferraille.

CHAPITRE XII.

LE QUAI AUX FLEURS.

Vois l'hyacinthe ouvrir sa corolle d'azur ;
Le riche œillet, ami d'un air tranquille et pur,
Varier ses couleurs d'une teinte inégale ;
Le muguet arrondir l'argent de son pétale,
Et l'épais chèvre-feuille, errant en longs festons.
La rose te sourit à travers ses boutons.

BOISJOLIN, la Botanique.

LA casquette de coutil sur l'oreille, l'homme bleu reparut sur le côté le moins fréquenté du Pont-Neuf. Il balançait à y continuer ses recherches, lorsqu'un polisson s'écria en le voyant : « Ah ! voilà l'homme bleu qui a perdu son chapeau. » Il fit mine de ne pas entendre ; l'heure s'avançait ; il s'éloigna dans la direction du quai des Lunettes, que l'on appelle le *quai des Morfondus* lorsqu'on s'en approche du côté opposé, sans doute à cause du vent glacial qui y souffle presque en toutes saisons, et qui menaça même encore la coiffure supplémentaire du pauvre chercheur de chapeaux gris.

« Allons toujours, disait-il, je finirai peut-être par le trouver. Je crois même l'avoir vu, malgré la bourrasque, prendre sa course de ce côté; car il n'était pas au nombre des badauds qui sont survenus après le coup de vent. Maudit chapeau gris, tu me paieras le mien ! »

Notre homme avait le cœur si gros, qu'il passa devant le thermomètre de l'ingénieur Chevalier, qui était entouré d'amateurs, sans y donner attention, et salua de loin la respectable tour de l'Horloge, qui lui semblait un monument familier. Il monta

lentement le quai aux Fleurs, qui lui
parut moins peuplé qu'à l'ordinaire.
Quelques places étaient vides. Les bou-
quetières les mieux fournies étaient
absentes. Il n'aperçut pas ces jardins
portatifs qui vont du quai aux Fleurs
embellir les boudoirs de la Chaussée-
d'Antin ; point de ces fleurs rares, de
ces touffes de roses, de ces buissons
d'œillets qui s'élèvent en pyramides
odorantes devant la jolie bouquetière
Annette, qui manquait aussi bien
que ses fleurs. On ne voyait çà et là
que des *potées* de pensées communes,
de maigres orangers, le rézéda destiné
à embellir la loge du portier, le basi-
lic chéri des couturières, et l'éter-
nelle reine-marguerite et l'inodore
pied-d'alouette. La mère Robiquet
tricotait en attendant les chalands.

« Eh ! bon Dieu ! mère Robiquet,
s'écrie l'homme bleu en s'approchant
d'elle avec empressement, vos dames

font-elles le dimanche dès le samedi ? Je ne vois que la moitié de mon monde sur le quai aux Fleurs. Que signifie cette désertion ?

— Faut pas que ça t'étonne, mon enfant ; toutes les pimpantes sont en frairie. On a fait un choix.

— Quel choix et quelle frairie ?

— Quoi ! tu ne sais pas la grande histoire ?

— Et quelle histoire ? Parlez donc.

— Pauvre cher homme ! J'ai été à la messe : Robiquet, lui, il est de noces. Ah ! d'abord, il s'invite.

— Expliquez-vous donc ; je n'y comprends rien.

— Faut donc te raconter ça, mon enfant ? T'en grilles d'envie, et puis tu m'appelleras bavarde après.

— Ah ! parlez si vous voulez.

— T'es de mauvaise humeur, je vois ça.

— Eh bien !

— Eh bien ! c'est Annette Franchet qui se marie.

— Bah ! Annette la jolie bouquetière ?

— Juste comme de l'or. Elle a bien mené sa barque. Après ça, c'est sage, c'est gentil, et elle méritait un sort. Moi, j'aime à rendre justice au monde.

— Et avec qui se marie-t-elle?

— Ah ! c'est là le chien-dent. Tiens, tiens, assis-toi là ; on ne paie pas les chaises ici ; v'là celle de Marie-Jeanne. Je m'en vas te défiler mon chapelet ; ça ne m'empêchera pas de tricoter. »

CHAPITRE XIII.

HISTOIRE D'ANNETTE LA BOUQUETIÈRE.

> Recevez de mes mains votre épouse;
> son père, en vous la confiant, vous
> charge de tous ses devoirs; vous
> êtes le chêne de Basan, elle est la
> vigne amoureuse qui s'élève avec
> lui dans les airs, s'appuie sur ses
> rameaux, et mêle ses doux fruits à
> son feuillage : aimez, protégez vo-
> tre compagne, et vous, ma fille,
> soyez soumise à votre époux. Dieu
> du ciel, bénis leur alliance.
>
> DE SÉGUR, *les Femmes*, t. I, p. 33.

« Vous savez bien, dit la mère Ro-
» biquet, que mon mari fait toujours
» son jardin de la rue de Ménil-Mon-
» tant; pour ce qui est de ça, il a de

4..

» l'activité. Le soir, il va à sa Porte
» Saint-Martin, où il est employé
» dans les décors; c'est lui qui des-
» cend Polichinelle, et qui fait monter
» le char de Riquet à la Houpe : mais,
» au fait, c'est trop de mal pour un
» homme; je veux qu'il passe dans les
» contrôles ou dans les contremarques;
» il ne peut bécher et arroser le matin,
» et porter des coulisses le soir; ça l'a-
» bîme. Moi, je fais mes chaises aux
» Blancs-Manteaux; c'est pas érein-
» tant. Je fais mon petit tour au ser-
» mon et à la grand'messe : «Madame,
» votre chaise ?» On me paie; c'est fini
» là. Ça me fait encore mes quatre
» cents francs par an. Je viens ici le
» mercredi et le samedi; c'est pas en-
» core une ouvrage fatigante. Je suis
» assise, je tricote, j'ai que la peine
» de recevoir de l'argent; mais, voyez-
» vous, qui veut voyager loin ménage
» sa monture; assez et pas trop, je

»veux que mon homme se repose.

— Votre histoire! votre histoire! mère Robiquet; je sais tout cela parfaitement.

»— Oh Dieu! est-il curieux! M'y
»v'là, mon enfant. La bonne femme
»Léchopié, comme vous savez, est
»devenue veuve à propos d'une fluxion
»de poitrine qui a enlevé son pauvre
»défunt. Elle n'avait, pour se conso-
»ler, que son jardin, des dettes et
»Annette, qui était encore bien pe-
»tite. Pauvre femme! tout le monde
»la plaignait de grand cœur, parce
»que c'est une bonne créature; et
»bien embarrassé est celui qui tient
»la queue de la poêle. Mais, ma foi,
»elle ne perdit pas courage; elle ne
»compta sur l'écuelle d'autrui pour
»manger sa soupe, et elle se dit :
«Voyons donc un peu à me retourner.»
«Elle ajuste d'abord ses flûtes et vend
»ses brimborions : qui paie ses det-

»tes s'enrichit. Pour se remarier,
»elle dit : « Je m'en soucie guère : on
»sait bien qui on quitte, on ne sait
»pas qui on prend. Assez de maris
»comme ça; je reste veuve : honni
»soit qui mal y pense. » On lui a pro-
»posé celui-ci et celui-là, et puis en-
»core d'autres; elle a toujours dit
»non : on ne peut pas faire boire un
»âne qui n'a pas soif. Elle prit un
»garçon jardinier et travailla elle-
»même, et elle venait vendre ses
»fleurs les jours de marché, avec sa
»bambine, qui était encore à la ma-
»melle. Monsieur, c't enfant-là a tété
»dix-sept mois. Enfin, ça a com-
»mencé à grandir. Elle était gentille,
»que c'était une bénédiction. Ça jar-
»dinait, ça vendait des tulipes; et
»comme elle était gentille à croquer,
»on la caressait. Il y avait des belles
»dames qui venaient l'embrasser, et
»qui ne regardaient pas à deux sous

» pour un pot de giroflée : avec ça,
» propre comme un sou. A la porte
» d'un pauvre homme, le diable ne
» fait pas toujours antichambre : la
» commère a repris du poil de sa
» bête ; elle mit ses pièces de six liards
» avec ses sous marqués, et elle se
» rempluma un petit brin. « Aide-toi,
» le ciel t'aidera, qu'elle disait tou-
» jours : ma fille retrouv'ra ça ; faut
» pas mettre tous ses œufs dans un
» panier, et il n'y a pas de mal à gar-
» der une pierre pour la soif. » Défunt
» Léchopié avait joliment fait danser
» les noyaux, et c'te femme, qui savait
» compter, disait : « Chaque échaudé
» craint l'eau froide. » Elle envoya son
» Annette à l'école. Cet enfant appre-
» nait tout ce qu'on voulait. Ça vous
» lisait l'écriture comme des livres im-
» primés. La propriétaire de la mai-
» son oùsqu'ils demeuraient à la Vil-
» lette avait pris la mère et la fille

» en affection. C'était aussi des braves
»gens, qui avaient leur commerce à
» Paris, dans le bijou. Madame Bossey
»recevait chez elle la petite Annette,
»qui jouait avec sa fille. C'était gen-
»til à voir ces deux enfans, qui s'ai-
»maient et qui s'amusaient ensemble.
» La petite bouquetière profitait même
» des leçons qu'on donnait à mademoi-
»selle Éliza; si bien qu'elle eut de
» l'éducation comme une demoiselle.
» C'était peut-être trop : chacun son
» métier, et les vaches seront bien gar-
» dées. La bonne femme Léchopié ad-
» mirait sa fille comme une châsse;
» mais chacun doit se mesurer à son
» aune. Il y a bien des enfans qui mé-
» prisent leur père et mère quand ils en
» savent plus long qu'il ne faut; mais
» Annette n'était pas comme ça : elle
» n'a jamais fait la dame; elle est tou-
» jours restée bien soumise. Quicon-
» que fera bien, trouvera bien, comme

» dit monsieur le curé : tant y a, qu'un
» beau jour la petite était grande-
» lette. A la fête de madame Bossey,
» elle se mit brave, et l'y apporta un
» beau pot d'hortensia, avec sa mère,
» qui s'était requinquée aussi. On les
» retint toute la journée, et le soir il
» y eut un bal oùsqu'on dansa. Fallait
» voir Annette, qui faisait des pas que
» tout le monde en était émerveillé;
» avec ça qu'elle parlait d'or ; un
» petit filet de voix doux comme
» miel, si bien que M. Bossey le fils
» ne quittait pas les yeux de dessus
» elle. Il lui serra la main en faisant
» la promenade, et lui fit des amitiés à
» n'en plus finir. Faut pas tant de
» beurre pour faire un quarteron ; on
» prend les bœufs par les cornes et les
» hommes par les paroles; et crac, ils
» étaient entrés par la porte; l'amour
» entra par la fenêtre. C'te jeunesse
» était honteuse ; elle faisait semblant

» de ne rien voir et de ne rien sen-
» tir; et, comme on dit ben vrai, il
» n'est pire eau que l'eau qui dort.
» Elle rentra chez elle bien agitée,
» disant à sa mère qu'elle avait mal à
» la gorge. Toute la nuit elle pensa
» à M. Bossey, qui était un beau jeune
» homme : oh! ça, il est très-bien.
» Après ça, elle réfléchissait, et di-
» sait : « Je suis une petite bouque-
» tière ; M. Bossey est dans une
» passe à épouser plus haut que moi;
» faut pas que je pense à lui : où la
» chèvre est attachée il faut qu'elle
» broute. Le sentiment est bon, mais
» ça fait du mal. » La pauvre petite,
» tout en s'efforçant d'oublier le beau
» jeune homme, y pensait toujours;
» et elle n'osait plus aller chez ma-
» dame Bossey le dimanche, à cause
» qu'il y venait. De son côté, pendant
» toute la semaine, le monsieur pen-
» sait à Annette; il disait : « Que c'est

» dommage qu'elle soit une bouque-
» tière!» Et son cœur allait comme une
» corneille qui abat des noix. Enfin,
» il n'y tenait plus, et comme il la
» voyait bien rarement, il l'y écrivit
» une lettre honnête, que je ne me
» rappelle plus le contenu, mais qui
» était bien dictée, et il la lui donna
» par ruse, un dimanche soir qu'il la
» reconduisit avec sa mère, en lui
» glissant tout doucement en cachette;
» sans compter qu'il lui serrait le bras
» tout le long du chemin, que la mère
» Léchopié n'y voyait que du feu. On
» dit bien vrai que les écrits sont des
» mâles et les paroles des femelles. En
» lisant la lettre de son amant, la pau-
» vre Annette pleurait comme une
» fontaine, son lit était comme un bé-
» nitier; elle se dit :« Qu'est-ce qu'il
» faut faire? Pas répondre, ça ne se-
» rait pas poli; et y répondre, ça ne
» scrait pas honnête. » Elle se décida à

» dire son confitebor à sa mère, qui
» prit la chose de travers, et la rem-
» bourra comme un coussin, et dit
» comme ça : « Je ne veux plus que
» t'ailles dans cette maison-là ; qui se
» fait brebis le loup le mange. Faut
» pas croire, à cause que nous som-
» mes des gens de jardin, qu'on nous
» mangera l'herbe sur le dos ; et je
» suis pas femme à sacrifier ma fille :
» des séductions ! pas de ça, et faut
» plus que t'y penses, entends-tu ? » An-
» nette dit : « Non, ma mère, » et s'en
» alla à son ouvrage, mais le cœur
» bien gros, comme vous pensez. Voilà
» madame et mademoiselle Bossey qui
» ne voyaient plus la mère et la fille,
» qui les croyaient malades, et qui ar-
» rivent les voir en fiacre. Il fallut
» bien s'expliquer, et au milieu de
» tout ça, ils se séparèrent fâchés.
» V'là trois, quatre, cinq mois qui se
» passent. Madame Bossey avait déjà

»vendu sa maison de la Villette. Le
»commerce n'allait plus guère. Le
»plaqué et le faux faisaient un tort
»du diable à la bijouterie en fin; si
»bien que tout d'un coup la famille
»Bossey est ruinée par une banque-
»route. Le fils est obligé de s'en
»aller, et la mère et la fille de se
»mettre en garni dans une petite
»chambre. On les avait saisis ; ils
»n'avaient plus seulement une pau-
»vre paire de draps! Quand An-
»nette et sa mère apprennent ça,
»ils se mettent à pleurer, deman-
»dez-moi ; car la Léchopié a le cœur
»bon. « Ah ! qu'elle dit, l'homme
»propose et Dieu dispose; tel qui
»rit vendredi dimanche pleurera ; il
»n'est si bon cheval qui ne bron-
»che. Pauvre madame Bossey ! qu'é-
»tait si humaine, et si bienfaisante !
»la v'là donc ruinée ! Allons, ma
»fille , faut pas chercher midi à

» quatorze heures ; viens-t'en avec
» moi; allons consoler cette pauvre
» dame ; faut battre le fer tandis
» qu'il est chaud. Ils sont dans la
» peine ; grâce à notre économie ,
» nous avons quelques pièces cent
» sous qui dorment; d'ailleurs nous ne
» manquerons pas; il y a toujours du
» pain bénit dans la sacristie. » Et les
» voilà qui accourent dans la petite
» hôtel oùsqu'elles demeuraient, qui
» s'embrassent comme du pain en
» pleurant comme des veaux; et la Lé-
» chopié, qui se fâche pour faire ac-
» cepter à madame Bossey un petit sac
» oùsqu'il y avait cent bons écus. A
» petit mercier petit panier, qu'elle
» lui dit; à gens de village trompette
» de bois. Nous n'avons que ça à vous
» offrir, mais il faut que vous le pre-
» niez. » Après bien des si et des mais,
» la bonne dame accepta l'argent, et
» la paix fut faite et parfaite. Au bout

» de quelque temps, le fils Bossey ar-
» riva tout joyeux ; il avait rarrangé
» ses affaires et rajusté ses flûtes. Il
» ne s'était pas endormi sur le rôti
» dans son voyage, et il avait re-
» trouvé une partie de ce qu'il avait
» perdu. Quand il apprend ce qu'An-
» nette et sa mère ont fait pour sa
» famille, il dit : « Je l'épouse et elle
» sera ma femme ! On aura beau
» dire ; un prêté pour un rendu. » Il
» court comme un dératé à la Vil-
» lette, avec sa mère et sa sœur. La
» bonne femme ne savait plus où
» elle en était ; fallut bien qu'elle
» dît oui ; vous pensez bien qu'An-
» nette n'a pas dit non. En défini-
» tive de tout ça, ils ont fait leurs ac-
» cordailles ; c'est aujourd'hui qu'ils
» vont à la messe, à la paroisse de
» Belleville, et la petite bouquetière
» va être ce soir madame la bijou-
» tière, grosse comme le bras : tant

» y a que c'est au fond du pot qu'on
» trouve le marc, et que bonne re-
» nommée vaut mieux que ceinture
» dorée. »

———

CHAPITRE XIV.

LA TABLE D'HÔTE DE LA RUE DU HARLAY.

Il anoblit les mets roturiers par les assaisonnemens dont il les rehausse. Il a dégagé sa cuisine de cette embarrassante multiplicité d'assaisonnemens raffinés et d'industrieux déguisemens, qui ne demandent pas moins d'habileté dans les cuisinières que d'opulence dans leurs maîtres. Par ces apprêts, ainsi modifiés, l'œil sera moins satisfait et le goût moins chatouillé ; mais, *en échange,* la santé et la bourse, qui méritent bien, pour le moins, autant que ces deux sens, d'être ménagées, y trouveront beaucoup mieux leur compte.

La Cuisinière bourgeoise, préface, p. IV.

LA narration un peu prolixe de la mère Robiquet était à peine terminée, lorsque son mari accourut en grande tenue, les gants blancs à la main, et la jarretière de la mariée à la boutonnière.

« Eh ! vite, eh ! vite, femme, s'é-
cria-t-il d'une voix sonore ; en avant
les rigodons ; t'es invitée. Détales-
moi plus vite que ça ; tu vendras tes
jonquilles demain.

— C'est-il possible ? dit la bonne
femme ; je vas aller danser ; quel plaisir !

— Viens, viens enfourcher ton
déshabillé blanc plus vite que ça, et
le sapin va arpenter la montagne.
D'abord, dépêche-toi et ne parle pas.
C'est que je te connais : t'es toujours comme mam'zelle Zélie Molard
dans une pièce, tu dis toujours : C'est
ci et c'est ça, avant que de dire : V'là
ce que c'est. »

La commère, qui connaissait l'im-
patience maritale, serra son tricot
sans ouvrir la bouche. Elle appela
Marie-Jeanne pour serrer ses pots, et
donna le bras à son mari, sans pres-

que prendre congé de son auditeur
bénévole, qui la suivit des yeux jusqu'au pont au Change.

« Allons dîner , dit gravement
l'homme bleu, » en reprenant son
chemin par le quai ; et il arriva rue
du Harlay, située entre le Pont-Neuf
et le quai aux Fleurs, où il avait habitude de prendre ses repas.

Ces maisons antiques, monumens
chers à la vieille bazoche , ancien
séjour des membres de ces parle-
mens dépositaires des libertés publi-
ques, et qui souvent les engloutirent,
servent aujourd'hui de retraite aux
avocats invalides qui aiment encore
le voisinage du palais, aux interprè-
tes assermentés, aux buvetiers et aux
gargottiers qui se chargent de satis-
faire, *à un prix modéré,* l'appétit
vorace des étudians en droit, en médecine et en théologie.

Seize tables recouvertes d'une toile

cirée marbrée, entourées de bancs
d'un chêne épais, et supportant avec
symétrie la double salière de faïence,
le moutardier de buis, étaient entourées de nombreux convives à quinze
francs par mois, et de dîneurs à la
carte à cinq sous le plat. Un poêle de
terre cuite est établi en forme de colonne au milieu de la salle obscure;
les desserts du jour y figurent pompeu-
sement, et l'on admire l'art avec lequel
les pruneaux sont disposés auprès de
la tranche quadrilatérale de gruyère,
et les assiettes de noix entremêlées
aux pommes de châtaignay. L'homme
bleu prit sa place d'habitude à côté
du comptoir, sous lequel il alla dis-
puter sa serviette à deux chats do-
mestiques qui folâtraient sur un pain
de six livres. Il la reconnut au milieu
d'une foule d'autres, grâce au numéro inscrit sur le cercle de moiré
métallique, qui en serrait la toile

de Cretonne à liteaux rouges, et le maître de l'hôtel de la Modestie lui servit lui-même l'assiette d'étain et le carafon. C'était un de ces gros hommes qui eussent jadis figuré avec honneur parmi les conseillers de la grand' chambre dont il occupait l'habitation. Des bas bleus chinés, une culotte de nankin, et la veste de bazin recouverte du tablier noué sur le ventre et surmonté d'une longue gaîne privée de son couteau, complétaient l'ajustement de M. Serdeau, qui n'a pas son égal pour les œufs *à la Ragnolet* et les choux *à l'estouffade.*

« Quel potage, mon maître ? dit l'hôte à l'homme bleu avec un sourire d'abonnement ; la julienne est délicieuse ; j'ai précisément reçu des carottes de Flandre.

— J'aimerais mieux une soupe au pain.

— Soupe au pain à monsieur !

— Qu'avez-vous de friand aujour-d'hui? je voudrais me régaler.

ʃ — Vous ne pouviez pas mieux tomber : j'ai du bœuf à la mode et de la choucroute de Strasbourg.

— Non, un petit plat sucré.

— J'ai votre affaire; du raisine et des épinards au jus.

— C'est bon. Eh bien! père Serdeau, qu'est-ce qu'il y a de neuf?

—Pas grand'chose. Les loyers deviennent si chers par ici, que les étudians s'en vont demeurer du côté de la Sorbonne. Ça fait joliment diminuer la recette.

— Ça me paraît bien plein cependant.

— Oh! il y a bien des plats à quatre sous. Si j'avais voulu recevoir du menu, j'aurais ici tous les gafniers du quai des Lunettes; mais je tiens trop à la société, moi. Faut pas qu'on vienne me demander à tremper une soupe, parce que je leur dirais bien vite : « Allez-vous-en rue des Prouvaires, chez M. Velut. Ah ! j'ai bien quelques peintres de la rue des Maçons-Sorbonne ; mais Flicoteaux en prend à tous prix à présent, exprès par amour-propre. Il y a aussi la rue Saint-Jacques, qui est pleine de dîners à seize sous ; mais tout ça c'est du clinquant, ça ne tiendra pas. Allez goûter un peu à leur potage, c'est du caramel et de l'eau chaude. Moi, je suis toujours là, et je peux dire : Êtes-vous content ? Quand on a été vingt-deux ans cuisinier chez monsieur le prince de Conti, on n'est pas un gâte-métier.

— Oh ! votre réputation est faite, monsieur Serdeau. On sait que votre cuisine n'a jamais varié ; sous tous les régimes, votre marmite a bouilli pour tout le monde sans distinction de personnes.

— Ah ! il est sûr, moi, que je laisse les girouettes sur les maisons. Je donne à manger et à boire, aujourd'hui pour de l'argent, et demain pour rien. Les Grecs, les Turcs, les blancs, les noirs ; ça m'est égal, pourvu qu'ils paient leur carte.

— Ah ! vous êtes philosophe.

— Pour ce qui est de ça, je goûte la sauce moi-même, et je sais ce que je donne.

— C'est que vous avez de l'expérience.

— Écoutez donc, depuis vingt-sept ans que je suis à la tête de mon établissement, j'en ai vu de toutes les couleurs.

— Mais c'est toujours à peu près le même monde qui vous vient.

— Laissez donc ; c'est une petite lanterne magique qu'un restaurant de la rue du Harlay. Quand j'ouvris la boutique, c'était en 97 ; ils appe-

laient cela l'an **VI** ou l'an **VII** ; tenez, c'était à l'époque de la fameuse
conspiration de Babeuf ; vous con-
naissez bien ça? **Ma** foi, c'est que mon
ouverture n'était pas trop mal. **Il** me
venait tous les jours des gens qu'on
voyait bien que ça avait été des marquis. **Ils** se trouvaient à leur aise ici.
Les Jacobins dînaient au Palais-Royal
dans ce temps-là. **Je** les entendais
comme ça causer tout bas sans avoir
l'air. « Ça ne durera pas, monsieur,
qu'ils se disaient ; on travaille le Di-
rectoire ; » et ci et ça. **Oh!** qu'oui
qu'on le travaillait ; mais c'était pas
pour eux. **V**'là le 18 fructidor qu'arrive ; et puis tout d'un coup il me
vient un nouveau personnel. **Des** soldats de l'armée d'Italie, qu'on avait
fait venir ; on les appelait les bleus. **Ça**
mangeait ! ça ne regardait pas à une
bouteille de vin. « Citoyen Serdeau,
qu'ils me disaient, nous en sommes

revenus. La république est une bonne mère; elle nous en donne à bouche que veux-tu. Avec de la gloire et des pièces de vingt-quatre sous, on ne meurt pas de faim. Tenez, voilà des *lira* (1) italiennes; elles ne nous ont pas coûté cher. Vive la liberté! » Petit à petit, tout ça fila en Hollande, en Allemagne, en Prusse et en Espagne; je ne vis plus que des clercs d'huissiers, des commis de la chambre des comptes, et des garçons de boutique du Palais. Ça ne mangeait qu'un plat; mais je me retirais sur le vin. Après ça vint la conscription; il m'arrivait des conscrits qui venaient de l'Hôtel-de-Ville, le cœur au ventre et le numéro sur la tête. Ils régalaient les sergens et les anciens pour payer leur bien-venue; mais c'est égal, ça faisait de tristes repas. On criait

(1) Pièce de monnaie.

Vive l'Empereur ! mais on n'était pas content au fond. Ça allait tous les ans en augmentant. C'est dans ce temps-là que j'ai été forcé de percer mon entresol. Tout ça a fini avec la débâcle, et je ne voyais plus que des gendarmes et les employés de la Conciergerie ; mais ils étaient si occupés, qu'ils avaient à peine le temps de manger un morceau. Il m'est arrivé après ça des Cosaques et des Prussiens qui avaient mèche allumée sur le Pont-Neuf et sur le Pont-au-Change. Il fallait faire la cuisine pour tout ça, pendant que nos braves mouraient de faim. Oh ! ça me faisait de la peine. Ils sont partis, Dieu merci, et j'espère bien que je n'allumerai plus jamais mes fourneaux pour eux. Quand ils ont été loin, j'ai fait étamer mes casserolles, et j'ai recommencé ma cuisine française. Depuis ce temps-là, voyez-vous, ça boulotte,

J'ai eu quelque temps des officiers à demi-solde ; je ne les vois plus, et j'en suis pas fâché, bien que ça me fasse des pratiques de moins ; mais je suis français, voyez-vous, et mon pays avant tout. Maintenant, je vois des étudians, des commis réformés ; tout ça se plaint bien un petit peu ; mais c'est égal, le commerce va toujours. Pour ce qui est des théologiens de la Sorbonne et de l'Estrapade, j'en suis toujours plein, c'en est des nuées ; mais c'est que des corbeaux de passage. Ils viennent comme ça dans les commencemens, au sortir de leur village, et après ça ils vont se remplumer dans la rue de l'Université, et puis quand ils passent devant ma boutique, ils tournent le dos à l'hôtel de la Modestie. Tenez, en voilà un qui est à cette table, qui postule pour être vicaire à Mont-Rouge. C'est un garçon d'esprit, mais il tâche de le cacher tant qu'il peut, parce qu'il dit que ça nuit aujourd'hui à l'avancement. C'est drôle, tout d'même. Vous voyez que les temps changent dans une gargotte comme dans un ministère : là, comme chez nous, le cuisinier ne connaît personne ; il tourne la broche pour tous ceux qui se présentent, et ne craint que de manquer ses sauces ; avec la différence, qu'ici il faut payer en sortant ; car je n'ai jamais fait crédit à personne. Je tâcherai d'aller le plus long-temps possible comme cela, et quand je ne pourrai plus chauffer le four, je m'en irai à Saint-Mandé, ma patrie, avec mes six cents livres de rente, vivre en célibataire avec Thérèse, qui m'aide dans mon commerce, et qui ne me quittera pas. Mais je m'arrête là à jaser, et j'oublie de porter à ce gendarme sa queue de mouton à la prussienne ; à ce vieux monsieur, son gigot à la royale, et je laisse M. l'abbé attendre, depuis plus d'une heure, sa culotte de bœuf à la cardinale. »

CHAPITRE XV.

LES BAINS OUARNIER.

Et obliquo laborat
Lympha fugax trepidare rivo.

HORACE.

Une onde fugitive qui s'échappe en serpentant.

« PARBLEU, il me vient une bonne idée, dit l'homme bleu en sortant du restaurant Serdeau, et quittant cette langue de terre contiguë au Pont-Neuf, et sur laquelle furent jadis brûlés les Templiers, que le saint Père trouvait trop puissans, et que le bon roi Philippe le Bel trouvait trop riches, la chaleur a attiré des bai-

.5

gneurs dans les eaux ; je les vois se porter en foule, la serviette sous le bras et le caleçon roulé dans la poche, vers l'autre extrémité du quai. C'est le moment où ce quartier devient populeux, et je vais faire ma ronde de ce côté.» Ces bains sans prétention, dont le privilége ne s'étend que de juin à octobre, ne sont pas ornés, comme ceux du Pont-Neuf, de boudoirs élégans ; on n'y est pas resserré dans une baignoire de vingt-huit pouces de large, où l'eau, trop chaude ou trop froide, se précipite par deux becs de cygne dorés. Un garçon vêtu à la mode ne vient pas, d'un ton mystérieux, vous proposer un cabinet à deux bains, et vous déployer sur une table de liége *le Corsaire* et la carte des objets de consommation à des prix immodestes. On n'y voit pas un jardin factice planté sur le sable pour ombrager le soir les galanteries des baigneurs des deux sexes, pour qui les réverbères du Pont-Neuf seraient des astres incommodes. Les bains Ouarnier, établis en pleine eau, chauffés par les soins de la Providence, et qui se renouvellent sans cesse, grâce au courant rapide de la Seine et de la Marne, qui opèrent leur jonction non loin de là, offrent aux amateurs des deux sexes, *décence, salubrité* et *commodité*. Avec les progrès du siècle, le propriétaire de ces thermes a augmenté ses prix d'année en année, et de la bagatelle de trois et quatre sous, où ils se trouvaient fixés jadis, il s'est élevé au luxe de douze et quinze sous. Il est vrai que jadis une simple toile, recouvrant une arcade de cerceaux, en traçait l'enceinte ; une simple planche élastique faisait arriver en bondissant les baigneurs effrayés, et redoutant de prendre leur bain à l'improviste, jusqu'au bateau servant d'antichambre. Aujourd'hui un double escalier, garni de rampes artistement travaillées et dignes des ateliers de haute serrurerie du sieur Georget, mène en pente douce au grand édifice qui s'élève à la hauteur des boutiques du quai de la Ferraille. Ce ne sont plus des ais mal joints où le regard indiscret allait violer les charmes nus d'une couturière faisant la naïade. A l'imitation du Pont-Neuf, du Pont-Royal, c'est un petit château, mais sans plate-forme, peint avec symétrie et décoré avec une élégante simplicité. Il est vrai qu'il n'y a point de premier et de second étages comme aux bains Vigier; la grande salle où l'on reçoit les baigneurs est la rivière elle-même, et l'eau n'y manque pas. Il est vrai encore qu'on est exposé à mettre la main sur quelque objet échappé au besoin pressant d'un batelier, ou même d'un voisin indiscret. Le hardi plongeur doit aussi s'attendre à heurter le cadavre de la chienne trop féconde sacrifiée aux principes d'économie domestique d'une portière de la cité; souvent ses mollets sont caressés par la bûche fugitive qui va regagner le port aux fagots sous la dernière arche du Pont-Neuf : toutefois, à cela près, on ne saurait nier que les bains Ouarnier ne soient l'établissement le plus agréable et le plus salubre de la capitale.

L'homme bleu entra en donnant, pour tout paiement, à la buraliste un signe de tête, et fit sa ronde à l'entour des bateaux, examinant plutôt les hardes et les chapeaux des individus, que les têtes qu'on voyait à fleur d'eau. Il observait seulement quelques hommes qui entraient et sortaient du bassin commun à l'aide d'une petite échelle, et son œil investigateur savait suppléer, au milieu de cette foule assez semblable à celle qui assistera au jugement dernier, aux distinctions sociales que semblait effacer la nudité générale. Il reconnaissait le laborieux cordonnier à la marque profonde et noirâtre qu'avaient imprimée au-dessus de son genou gauche les coups de son marteau recourbé, oppresseur du cuir; le tailleur, aux stigmates en forme de talon qui se distinguaient de chaque côté de ces parties charnues sur lesquelles il se repose pendant son travail. Le garçon boulanger portait des insignes de la manutention sur ses bras nerveux et le sillon rougeâtre tracé sur son ventre par la jaquette journalière. Plus loin, il discernait l'infanterie de la cavalerie au moyen du tatouage bizarre qui bariolait les bras des cavaliers et des fantassins; l'artilleur y montrait des canons croisés; le soldat du train un fer à cheval artistement incrusté avec de la poudre à canon; le tambour étalait avec orgueil ses baguettes en sautoir. Un Anglais aux cheveux ras et blonds, aux dents proéminentes, et déployant toute la vigueur d'un nageur britannique, n'avait pas besoin de dire *God dam !* pour qu'on le reconnût. L'homme bleu aurait pu pousser plus loin ses observations, si quelques habitués, peu jaloux de montrer certaines autres marques dont ils étaient porteurs, n'eussent prudemment couvert leurs épaules d'un gilet de flanelle. Il s'aperçut, au milieu de ses réflexions, à une odeur peu agréable, que les baigneurs n'employaient pas le savon d'aromate ou l'eau des odalisques dans leurs immersions, et il s'avança d'un autre côté, ne découvrant toujours pas l'objet de ses recherches. Il admirait avec quelle adresse un petit garçon s'exerçait à nager en appuyant son ventre sur une corde élastique fixée comme limite entre deux poteaux, lorsqu'un épais Auvergnat, aussi lourd que maladroit, heurta par le milieu la région dorsale de l'observateur en équilibre ; le pied lui manqua, et il tomba jusqu'à la ceinture dans l'eau, où peut-être il eût pénétré plus profondément sans un maître d'armes, qu'il reconnut à sa poitrine mouchetée de nombreux coups de fleuret bleus et jaunes, indiquant le rare usage qu'il faisait de plastron. Étonnés de voir, contre la coutume, au milieu d'eux un homme en redingote et en casquette, les baigneurs accueillirent par de longs bravos l'homme bleu, qui, outré de cette nouvelle déconfiture, se retira sur le tillac du bâtiment pour se sécher au soleil. Il regardait cet astre bienfaisant, et semblait lui demander, d'un air piteux, pourquoi il se plaisait à éclairer tant de désastres, et le soleil se retirait vers l'occident comme pour faire droit à sa requête.

———

CHAPITRE XVI.

LES GRISETTES.

Une grisette est un trésor;
Car, sans se donner de la peine,
Et sans qu'au bal on la promène,
On en vient aisément à bout;
On lui dit ce qu'on veut, bien souvent rien du tout;
Le tout est d'en trouver une qui soit fidèle.

LAFONTAINE.

DÉJA le jour baissait, déjà la poulie criarde descendait le réverbère, au risque de coiffer le Parisien distrait et le cocher de fiacre qui dort sur son siège. L'homme bleu, à moitié sec, rappelant encore une fois son courage, reprit le chemin du quai aux Fleurs, où il s'attendait à trouver les rassemblemens qui ont lieu le soir, surtout le samedi, dans la partie de ce quai qui avoisine le Pont-au-Change, au retour des ouvriers et surtout des ouvrières. Ces dernières, nommées *grisettes* à cause de l'étoffe gris-cendré qui était autrefois le costume des gens du peuple, sont pour la plupart des couturières en robes et en linge, des brodeuses, des marchandes de modes, des blanchisseuses de linge fin, des bordeuses de souliers, des tresseuses de cheveux, des gantières. Elles se répandent en foule dans la Cité et le faubourg Saint-Jacques. Le quartier Saint-André-des-Arcs est aussi le réceptacle des grisettes, et le point du quai aux Fleurs que nous venons d'indiquer est le théâtre ordinaire de leurs courses nocturnes, de leurs rendez-vous galans, et le foyer des chercheurs d'aventures qui mettent encore quelque délicatesse dans leurs plaisirs. L'homme bleu se promenait en silence au milieu de ces ombres sveltes qui passaient rapidement, à la faveur du crépuscule, le long des arbres fluets et dépouillés de feuilles. L'agile marchand de coco va et vient dans ce tourbillon, agitant sa turbulente sonnette, et sa pyramide ambulante sert quelquefois de prétexte pour commencer un entretien galant. Le jeune perruquier, qui a fini ses barbes, offre le rafraîchissement frugal avec autant de grâce et plus de naïveté que le commis-banquier empressé à faire accepter une glace du café Tortoni aux Laïs du boulevard de Gand. Le garçon imprimeur, le bonnet de papier sur l'oreille, accoste joyeusement les jeunes filles à la démarche timide, décidées à ne pas attendre le dimanche pour entamer les sept livres dix sous de la semaine. Les couples se forment peu à peu, et s'écartent de la masse quand leurs accords sont faits. Là les soupirs n'ont pas cours, l'amour s'y fait à la minute et argent comptant. La mère soupçonneuse va cherchant dans les groupes sa fille, qui rentre chaque jour plus tard ; elle rôde long-temps, et la trouve au coin du parapet, serrant la main, sur le trottoir, à un jeune chapelier qui lui déclare sa passion en phrases de mélodrame. Muette de colère, elle aborde sa fille en silence, repousse avec force le galant, et attend de se trouver un peu à l'écart pour lui donner le soufflet maternel. Les marchandes de pommes, d'allumettes, et femmes d'autres menus commerces, laissent là les gâteaux, le sucre d'orge et le pain d'épices pour se livrer à un négoce plus lucratif, et dont les frais d'établissement sont moins coûteux. Certaines maisons voisines et les cabarets à rideaux rouges, se font remarquer par l'activité qui règne dans leur intérieur. Les lumières montent et descendent, et la foule est moins nombreuse sur le quai.

L'homme bleu s'était appuyé sur le bord de la fontaine en forme de bassin qui s'élève au milieu des arbres. L'obscurité avait cédé quelque peu à l'approche des rayons de la lune. On distinguait à peine son vêtement sombre, et, appuyé sur son rotin, sa casquette baissée sur ses yeux, il écoutait, en souriant, la conversation suivante.

« Bel ange, ne courez pas si fort.

— Monsieur, je ne m'arrête jamais.

— Ah! laisse donc, tu es bien fière.

— Pour qui me prenez-vous, monsieur?

— Je te prends pour moi.

— Passez votre chemin, vous êtes un insolent.

— Es-tu libre demain ? je te mènerai promener.

— Je ne vais pas avec les jeunes
gens.

— Je suis bon enfant.

— Ils disent tous ça.

— Non, je t'assure que je suis libre.

— Je demeure chez mes parens.

— Tant mieux ; je te mènerai chez
moi.

— Ma mère ne me laisse jamais aller seule.

— A-t-elle un service !... T'as donc
une mère ?

— Voyons, monsieur, ne me pin-
cez pas le bras. Je ne veux pas faire
de connaissances, à moins que ce ne
soit pour le bon motif.

— Je suis pharmacien ; j'ai de l'argent. Oh ! la jolie petite main !

— Lâchez-moi donc.

— Aimes-tu les gauffres ?

— Je vous dis de me laisser.

— Voyons, arrête-toi un petit peu.

— Eh bien ! qu'est-ce que vous me voulez ?

— A la bonne heure : asseyons-nous sur ce banc.

— Pour quoi faire ?

— On ne peut pas te parler.

— Non ; je suis pressée ; il faut que je sois chez nous à huit heures.

— Eh bien ! tu y seras à huit heures et un quart. Tu diras qu'on retardait chez ta maîtresse.

— Je vois bien que vous avez le fil.

— Tu travailles en linge, hein ?

— Non, monsieur, je fais des cols et des bretelles.

— Tiens, justement ! moi qui cherchais quelqu'un. Voyons, combien veux tu me prendre ?....

— Pour une paire de bretelles élastiques ?

— Oui.

— Dame, c'est suivant ce qu'on veut y mettre.

— Je te donnerai trois francs, et tu vas venir me prendre mesure...

— Hein ! c'est pas trop !

— Voyons, veux-tu ?

— Vous n'êtes pas généreux.

— Voyons, viens toujours, nous verrons..... »

Ils s'éloignèrent; et l'homme bleu, n'en entendant pas davantage, jugea que le jeune homme aurait les bretelles pour trois francs.

CHAPITRE XVII.

POLICHINELLE.

Brioché fut le père de Polichinelle. Brioché était fort pauvre; sa femme et lui n'avaient pas de quoi nourrir Polichinelle, encore moins de quoi lui faire apprendre un métier. Polichinelle leur dit : Mon père et ma mère, je suis bossu et j'ai de la mémoire; trois ou quatre de mes amis et moi nous pouvons établir des marionnettes : je gagnerai quelque argent. Les hommes ont toujours aimé les marionnettes; il y a quelquefois de la perte à en vendre de nouvelles, mais il y a de grands profits.

VOLTAIRE, *Mélanges.*

UN grand homme sec et bourgeonné s'avançait en ce moment, et vint déposer l'édifice qu'il portait jusque sur les jambes de l'homme bleu, qui se livrait à la méditation. C'était le théâtre de Polichinelle, composé de quatre branches de frêne, recouvertes de toile à paillasse : tout le jeu des machines se trouve dans le dessous, comme à l'Opéra. Le rideau est toujours levé; il n'y a point d'entr'actes, et l'on se passe d'orchestre, comme dans la rue de Richelieu.

L'exposition est franche : Polichinelle barbouille au public un compliment presque aussi intelligible que celui des grimes de la Comédie Française, et annonce au public qu'il attend son ami Prêt-à-boire. Il caresse, en attendant, son chat, qui dort à côté du bout de chandelle, comme un habitué de l'orchestre Feydeau auprès de la rampe. Cette scène se prolonge pour laisser à l'auditoire le temps de s'agglomérer. Prêt-à-boire arrive de dessous terre; son nez rouge en forme de trompette, sa petite queue pointue, son chapeau en l'air, sa grosse cravate, lui donnent quelque ressemblance avec les généraux prussiens du temps du grand Frédéric. Il embrasse cordialement son ami Polichinelle, qui rit à gorge déployée, et frappe des deux mains sur sa grosse bedaine en signe de joie. La conversation s'anime, une bouteille qui passe de main en main l'alimente. Bientôt la bonne intelligence se change en désordre, et M. Polichinelle, oubliant les devoirs de l'hospitalité, rosse son ami Prêt-à-boire, et lui tire les cheveux. C'est peu de tant d'outrages; s'arrachant un bâton qui paraît tout-à-coup, les deux compères s'en frappent alternativement de grands coups sur la tête, à la grande joie et pâmoison de l'assemblée. Polichinelle, vainqueur, chante son triomphe; mais bientôt sa femme vient lui chanter pouille, et lui reproche sa paresse et son ivrognerie. Après avoir caressé sa douce amie d'une façon toute gentille pour l'apaiser, notre double ventru, ne pouvant y réussir, se sert du moyen de Sganarelle, et la met en fuite à coups redoublés. Un exempt se présente; la vue du sort de la femme de Polichinelle le fait fuir aussi promptement que le diable de Papefiguière. Polichinelle s'éclipse, et le commissaire vient enlever le corps du malheureux Prêt-à-boire, assommé par son ami. Deux hommes portant un brancard sur leurs épaules paraissent, y placent le corps du défunt avec une dextérité surprenante; ils le recouvrent même d'un drap mortuaire, et l'emportent en grande pompe. Polichinelle, animé de l'esprit de rebellion, vient insulter M. le commissaire, qui lui repro-

5...

che son crime et le menace de la pendaison. Polichinelle, sans respect pour sa grande perruque , sa robe noire et son beau rabat , le frappe lui-même. Le commissaire de crier : *A la garde !* et le public de rire aux éclats. Des gendarmes paraissent , et trois hommes parviennent à peine à empoigner le délinquant, d'autant plus que le fidèle *Mistigris* défend son maître, égratigne la force armée, et montre les dents au commissaire, qui, dans sa fureur, condamne à la potence le sieur Polichinelle et ses adhérens. Bientôt paraît l'instrument fatal, tel qu'il se voit encore en Angleterre sur la place de Tyburn : c'est en vain que le chat s'oppose à l'exécution , l'infortuné Polichinelle , après une longue résistance , est impitoyablement accroché au soliveau , et une figure des plus rébarbatives vient tirer la ficelle. Le commissaire se retire ,

croyant la vindicte publique suffisam-
ment apaisée ; mais le diable, qui
se fourre partout, survient et enlève
le meurtrier de Prêt-à-boire, à la
grande édification de l'assistance ,
émue du dénouement moral de ce
drame burlesque.

Polichinelle eut l'honneur de déri-
der tout-à-fait le front de l'homme
bleu.

CHAPITRE XVIII.

LE COMMISSAIRE.

> Ce fut bien faict à lui de se sauver
> par la porte de derrière, de jar-
> din en jardin, de muraille en mu-
> raille, de gouttière en gouttière,
> et fuir tant qu'il pust, jusques à ce
> qu'il trouva lieu pour se cacher, où
> puis après le tout s'appaisa.
>
> BRANTÔME, *Grands Capit.*, t. I.

A la lueur du lumignon que promenait sous les visages la femme du
directeur des marionnettes, en répé-
tant piteusement à chaque révérence:
N'oubliez pas Polichinelle, l'homme
bleu aperçut enfin son chapeau gris,
serrant rudement à la taille une grosse
pâtissière à éventaire qui se défendait

mollement. Il avait appris le matin à ses dépens, et voulut user de prudence. Il fit un pas en arrière, acheva de se convaincre de l'identité du personnage, et resta patiemment à quelque distance , attendant l'issue des amoureux débats qui retenaient son *quidam* sur le Marché. Ils se terminèrent par un vigoureux baiser , et l'homme bleu suivit le chapeau gris pas à pas et en silence. La taille et les épaules carrées du personnage lui inspiraient un certain respect qu'il tâchait en lui-même de ne pas attribuer à la crainte.

« J'en ai vu bien d'autres, se disait-il *in petto*, et c'est une affaire qui peut me faire honneur. »

Le chapeau gris tira une pipe de sa poche, et l'alluma tranquillement à l'un de ces nombreux fallots, garantis par une feuille de papier des injures du temps, qui figurent au milieu des pommes, des figues et des noix qui se débitent sur le Pont-Neuf.

Cela parut suspect à l'homme bleu.

Le chapeau gris s'arrêta à une boutique fermée pour y faire ce que fit Gulliver au milieu des Lilliputiens affligés d'une sécheresse; il semblait dans cette opération porter ses regards de tous côtés.

Cela parut suspect à l'homme bleu.

Le fumeur se promena deux fois du côté le moins fréquenté du pont, expectorant de temps en temps dans la rivière, et s'appuyant de distance en distance sur le parapet.

Cela parut suspect à l'homme bleu.

Enfin il entra, à l'extrémité du pont, dans la boutique d'un grainetier, et demanda de la graine de lin.

Cela parut extrêmement suspect à l'homme bleu.

Il le suivit à une distance plus rapprochée. Le chapeau gris, qui avait paru ne pas le remarquer, se retourna brusquement, et lui demanda pourquoi il le suivait avec tant de précaution. L'homme bleu, d'abord surpris, s'arrêta, et cherchait à se rapprocher du milieu du pont, comptant sur la proximité du factionnaire. Une seconde interpellation plus vive le force d'agir sans plus de ménagement. Il empoigne le collet de velours râpé, et somme le porteur de la redingotte de bouracan de le suivre sur le quai voisin. Au même instant, une bande de *joyeux* montait le trottoir, tant soit peu échauffée par les vapeurs d'un punch pétillant ; elle entoure les lutteurs. Un mot d'explication de la part du chapeau gris fit pencher les nouveaux venus en sa faveur. Le vigoureux poignet de l'homme bleu fut séparé du collet qu'il serrait fortement ; quelques passans se joi-

gnirent à la bande; vingt cannes s'é-
lèvent à la fois, s'abaissent sur l'é-
chine de l'homme bleu, et se relè-
vent encore. Il n'a garde d'attendre une seconde explication, et s'en-
fuit. Mille cris le poursuivent, les
plus ardens s'élancent sur ses pas; la
casquette, sa dernière ressource, demeure sur le pavé. On le harcèle jusqu'à la place des Trois-Maries. Il vole
avec agilité jusqu'à la rue Thibau-
todé, et se précipite dans une
allée ouverte, en suit les som-
bres détours, et monte cinq étages avec une vélocité qui met en défaut les poursuivans. Le même élan
qui a transporté l'homme bleu au
faîte de l'escalier tortueux, le jette
au travers d'une porte qui cède à la
commotion, et le plonge à plat ventre sur une table couverte de crêpe
rose, bleu, jaune, de taffetas vert,
de papier doré, entourée de douze fleu-

ristes qui découpaient paisiblement des roses et des œillets. Un cri d'effroi part en chœur à la descente subite de l'homme bleu; l'escalier sépulcral retentit du haut en bas de ce cri d'alarme, et en un clin-d'œil les portes de tous les étages sont ouvertes; et chacun, sa chandelle à la main, s'enquiert de la cause du tumulte. Les uns crient *au feu!* mais l'essaim des fleuristes crie *au voleur!* et ce dernier cri prévaut. Un vigoureux maçon qui soupait avec sa femme sur son poêle de terre cuite, abandonne la salade de pommes-de-terre, et va tranquillement saisir à la gorge le malheureux fugitif, demi-mort de frayeur. Il cherche à s'expliquer et bégaie quelques paroles; mais vingt-cinq femmes, criant à la fois, étouffent sa harangue. Les cris *à la garde!* se répètent. Il est entraîné jusqu'à l'impasse Sourdis, où un fanal quadran-

gulaire annonce la demeure d'un officier public. Malgré les efforts du
portier, la foule se précipite jusque
dans le bureau du commissaire, qui
laisse en suspens un boston qui faisait les délices de sa vie privée. Il
s'assied de mauvaise humeur devant
la table magistrale, couverte de procès-verbaux, met ses lunettes, et
demande le plaignant. Mille voix lui
répondent, et l'orage recommence. Il
s'apaise enfin, et l'homme bleu, qui
évitait de s'expliquer devant tant de
témoins, forcé par la circonstance,
tire avec sang-froid une petite carte
ovale de sa poche, et la met sous les
yeux du commissaire. Un coup de fou-
dre n'a pas un effet plus prompt : chacun s'éloigne en fermant ses mur-
mures, et l'homme bleu, resté seul
avec le magistrat, lui apprend, d'une
voix encore tremblante, comme quoi
il a passé une journée d'afflictions sur

le Pont-Neuf et sur le quai aux Fleurs, comme quoi un chapeau gris est cause de toutes ses infortunes, qu'attestent de nombreuses contusions. Le commissaire lui souhaite le bonsoir, et va reprendre à la table de boston ses *honneurs* et ses *misères*. Pour l'homme bleu, il passa un quart d'heure chez le concierge, afin de laisser à la foule le temps de s'écouler, et regagna son gîte de l'Arche-Marion, le chef nu, le dos meurtri et portant bas l'oreille.

CHAPITRE XIX.

—

L'INTÉRIEUR DE L'HOMME BLEU.

Coiffé d'un vilain bonnet gras,
Martin est gisté dans des draps
A peu près blancs comme l'ébène,
Où puces et pous à centaine
Viennent faire de bons repas.

Mme DESHOULIÈRES

Près du foyer bien enfumé,
On voit un pot mal escumé,
Sale coucher mal à son ayse,
A chaque pas une punaise,
Où peu ou point ne dorme :
De ses songes les plus beaux
Sont que ténèbres, prisons, corbeaux....
Et cauchemar esnorme.

Les Poësyes de Iacques Peletyer du Mans.

A fleur d'escalier, au haut d'une
maison qui n'a pas de quatrième,

vait suppléer, au milieu de cette foule assez semblable à celle qui assistera au jugement dernier, aux distinctions sociales que semblait effacer la nudité générale. Il reconnaissait le laborieux cordonnier à la marque profonde et noirâtre qu'avaient imprimée au-dessus de son genou gauche les coups de son marteau recourbé, oppresseur du cuir; le tailleur, aux stigmates en forme de talon qui se distinguaient de chaque côté de ces parties charnues sur lesquelles il se repose pendant son travail. Le garçon boulanger portait des insignes de la manutention sur ses bras nerveux et le sillon rougeâtre tracé sur son ventre par la jaquette journalière. Plus loin, il discernait l'infanterie de la cavalerie au moyen du tatouage bizarre qui bariolait les bras des cavaliers et des fantassins; l'artilleur y montrait des canons croisés; le sol-

sont négligemment jetées sur les pans de cette muraille ambulante. Elles paraissent avoir servi récemment, quelques-unes sont encore couvertes d'une poussière printanière. Un habit noir d'assez bonne apparence, dont l'extrême boutonnière est fatiguée par quelques rubans rouges et bleus, recouvre la veste de treillis affectée à ces honnêtes Auvergnats qui partagent avec de plus nobles fonctionnaires le monopole de la correspondance publique; sur l'habit noir est une petite étiquette soigneusement fixée par une épingle; on y lit : *Lundi soir, café Lemblin.* Plus loin pend une longue redingote marron, ornée de boutons en olive et de brandebourgs; des manches neuves y ont été récemment adaptées, et sur l'une de ces manches un papier se trouve également attaché. C'est un vieux passe-port sur lequel on a tracé avec

un crayon : *Mercredi et jeudi, esta-
minet Hollandais*. Le lit est en désordre ; une courte dague, quelques panta-
lons, des pipes, s'y trouvent pêle-mêle
avec un briquet et une petite vessie
remplie de tabac ; l'affaissement de
l'étique matelas, qui est loin d'avoir
le degré d'inclinaison recommandé
par le docteur Johnson, indique l'ab-
sence totale d'une ménagère et la né-
gligence de l'habitant. Faute de tra-
versin, quelques paires de demi-bot-
tes, glissées entre la laine et la paille,
exhaussent le chevet ; un vase, dont
le seul nom est devenu déshonnête,
privé d'anse, s'élève majestueusement
sur un tabouret faisant office de table
nocturne. Au pied du lit, et en face
de la porte, est une fenêtre en guil-
lotine dont les huit carreaux en verre
à bouteille masquent la vue agréable
des toits voisins. Un poêle de faïence
et quelques bûches sont rangés dans

l'angle aigu de la mansarde, annon-
çant que l'hiver n'a pas été rigou-
reux. Le reste de l'ameublement répond à cet assemblage pittoresque :
auprès de la croisée, à une patère
de cuivre jadis doré, est accroché
un collet en forme de manteau, surmonté d'un bonnet de police, laissant pendre de chaque côté un de ces
pistolets de poche nommés en termes
techniques *coups de poings*, et une
canne à épée ; au-dessous du trophée
figure, sur trois pieds seulement, une
petite table de noyer sur laquelle se
pressent l'un contre l'autre environ
dix volumes que l'homme du monde,
le littérateur, la femme bel-esprit,
rejetteraient avec dédain, mais que
l'ami de l'ordre et de la tranquillité,
l'économiste et le philosophe consi-
déreraient sans doute avec respect. Le
plus volumineux est le *Code de la
gendarmerie à pied et à cheval;* sous

un format plus portatif se trouvent les *Instructions sur la simple police et la police correctionnelle;* auprès de ce livre, on aperçoit le *Tarif du balayage* et le *Manuel de la petite Voirie* enrichis de notes marginales explicatives; enfin, un énorme volume, qu'on prendrait, au premier coup d'œil, pour un échappé de l'Encyclopédie, n'est qu'un recueil cartonné de circulaires intitulé : *Des Maisons de détention, prisons pour dettes et autres;* une lettre abandonnée est étendue sur le gros livre; elle commence ainsi : « A été conduit à la Petite-Force le nommé... » La muraille n'est pas moins instructive que la bibliothèque; elle est tapissée du tableau à la fois chronologique et topographique de MM. les commissaires de police et officiers de paix de la ville de Paris, divisés en quarante-huit quartiers; aux deux côtés de cette redoutable nomenclature sont appendus parallèlement un miroir à bords rouges égayés par quelques Chinois, et un portrait aussi respectable que banal, enserré dans un cadre doré et d'une élégance moderne, qui jure avec la pauvreté gothique de l'entourage.

L'habitant de ce séjour entre brusquement à la clarté de la lune, dont les rayons, en dardant à travers les carreaux, prennent une couleur verdâtre; il regarde piteusement la chaise sur laquelle il a coutume de déposer son couvre-chef, et soupire en portant machinalement sa main à la place de son chapeau.

« Mauvaise journée ! dit-il, mauvaise journée ! »

Et il se déshabille en silence, sans songer même à la pipe consolatrice. Il est bientôt couché; mais les événemens de la journée occupent encore sa pensée; il se retourne plusieurs fois et essaie vainement de fermer l'œil.

« Peut-on être volé comme ça ! s'é-crie-t-il tout-à-coup ; un homme que je tenais à le boire d'avance !.... »

Nouveaux soupirs ; et il pose avec humeur son oreille sur le haut de son matelas. Peu à peu, les veines gon-flées de son cerveau se dilatent, ses paupières s'abaissent, et de bruyans ronflemens annoncent que la fatigue l'a emporté sur les contrariétés. Des songes flatteurs ne viennent pas le consoler pendant la nuit de ses mi-sères journalières ; il lui semble voir des fantômes vengeurs, le poing fermé, l'attendre à chaque pas ; il jure entre ses dents, et s'enfonce dans ses draps, comme pour éviter leur rencontre. Il cherche à s'enfuir ; mais ses jambes fléchissent, en vain ses efforts redou-blent ; il est obligé d'attendre pa-tiemment un nuage de coups de bâtons qui s'avance et vient crever sur ses épaules ; un cri étouffé lui échappe. Trois petits coups frappés à la porte tirent le dormeur de ce sommeil agité. Encore ému des idées fantastiques qui l'ont assiégé, il se lève inquiet, et attend avec anxiété que l'on frappe une seconde fois. Un autre signal se fait entendre, et, sans être plus rassuré, l'habitant somme l'intrus de se faire connaître.

« Ouvres donc, Rossigne; un coup!

— Ah ! c'est toi, l'oncle.

— Eh ! oui; prends ton bonnet de coton.

— Ah ! j'entends; et tu appelles ça un bon coup ?

— On n'a pas à choisir tous les jours ; faut-il pas hurler avec les loups?

— Mais enfin, que faut-il faire ?

—D'ailleurs, c'est l'ordre, mon pauvre garçon ; il faut partir pour le poste.

—Comment ! à Bicêtre ?

—Tu serais trop content, mouton ; à Poissy. Mets deux chemises dans un mouchoir ; tu en as pour trois semaines.

— A Poissy ! c'est fait pour moi.

— Vite donc ! vite donc ! la voiture est aux Madelonnettes.

—A Poissy !... à Poissy !...»

Le malheureux homme bleu se rhabilla sans mot dire, enjambant son plus mauvais pantalon ; et après avoir piteusement fait un petit paquet de sa garde-robe de voyage, et enveloppé sa tête d'un mouchoir de Chollet, à défaut de coiffure plus chaude, il tira ses verroux, et sortit tristement pour se rendre à sa destination.

MORALITÉ.

Gravez ces paroles que je vous dis dans vos cœurs et dans vos esprits; tenez-les attachées à vos mains, et présentes à vos yeux pour vous en souvenir : apprenez-les à vos enfans, afin qu'ils les méditent.

Deutéronome, XI, 18, 19.

De tous les insectes ailés, la *mouche*, dit Lafontaine, est le plus à plaindre. Animal parasite, il passe sa vie à piquer l'un et l'autre, se reposant avec audace sur le manteau d'un prince et sur la croupière d'un âne. Sans cesse en crainte d'être écrasé par le premier manant, il ne fuit un danger que pour en rencontrer un autre. La haine accompagne sa vie, et il meurt de misère et de faim, s'il n'est détruit par ceux qu'il importune.

FIN.

TABLE

DES CHAPITRES.

CHAPITRE PREMIER. — Statistique du Pont-Neuf. 1

CHAP. II. — Le sieur Miet 19

CHAP. III. — L'homme bleu. 33

CHAP. IV. — Le libraire. 37

CHAP. V. — Les tondeurs de chiens. . . 46

CHAP. VI. — Histoire de Mouton. . . 53

CHAP. VII. — Le collier. 65

CHAP. VIII. — Les affiches. 71

CHAP. IX. — Les tablettes d'un vieux Parisien. 98

CHAP X. — La rencontre. 9

CHAP. XI. — Le chapitre des chapeaux. . 109

CHAP. XII. — Le quai aux Fleurs. . . . 116

CHAP. XIII. — Histoire d'Annette la bouquetière 121

CHAP. XIV. — La table d'hôte de la rue du Harlay 135

Chap. XV. — Les bains Ouarnier. . . 149
Chap. XVI. — Les grisettes. 158
Chap. XVII. — Polichinelle. 166
Chap. XVIII. — Le commissaire . . . 172
Chap. XIX et dernier. — L'intérieur de
            de l'homme bleu. . . . 180
Moralité. 190

FIN DE LA TABLE.

www.ingramcontent.com/pod-product-compliance
Ingram Content Group UK Ltd.
Pitfield, Milton Keynes, MK11 3LW, UK
UKHW022214120726
13694UKWH00002B/541

9 782013 672160